SNS 이용자 심리

커뮤니케이션이해총서

급변하는 커뮤니케이션 환경에서 새로운 지식에 대한 욕구가 높아지고 있습니다. 이러한 흐름에 발맞추어 하나의 커뮤니케이션 주제를 10개 항목으로 묶어서 달걀 꾸러미처럼 엮었습니다. 사회의 변화를 빠르게 알기 원하는 대중과 시대에 앞선 지식을 단시간에 알고자 하는 연구자, 실무자, 학생에게 도움이 되는 책입니다.

일러두기

- 인명, 작품명, 저서명, 개념어 등은 한글과 함께 괄호 안에 해당 국가의 원어를 병기했습니다.
- 외래어 표기는 현행 어문규정의 외래어표기법을 따랐습니다.

SNS 이용자 심리

손영화

대한민국, 서울, 커뮤니케이션북스, 2025

SNS 이용자 심리

지은이 손영화
펴낸이 박영률

초판 1쇄 펴낸날 2025년 7월 11일

커뮤니케이션북스(주)
출판 등록 2007년 8월 17일 제313-2007-000166호
02880 서울시 성북구 성북로 5-11 (성북동1가 35-38)
전화(02) 7474 001, 팩스(02) 736 5047
commbooks@commbooks.com
www.commbooks.com

CommunicationBooks Inc.
5-11, Seongbuk-ro
Seongbuk-gu, Seoul, 02880, KOREA
phone 82 2 7474 001, fax 82 2 736 5047

ISBN 979-11-430-0571-7 04300

책값은 뒤표지에 표시되어 있습니다.

차례

SNS 이용자들은 과연 행복감을 느낄까

최근 들어 국내외를 막론하고 SNS(Social Network Service)를 이용하는 사람이 꾸준히 증가하고 있다. 이런 경향은 특정 세대에 국한되지 않고 모든 연령층에서 나타나고 있으며, 이에 따라 과연 많은 사람들이 SNS를 사용하면서 실제로 얼마만큼의 만족감과 행복감을 느끼고 있는지에 대한 의문이 제기된다. 필자는 2010년부터 SNS인 페이스북을 이용하기 시작했고, 이후 트위터(현 X), 인스타그램과 같은 서비스를 이용해 왔다. 그러나 실제로는 페이스북을 제외한 서비스는 거의 사용하지 않고 있는 실정이다.

국내에서는 1990년대 중반 인터넷이 본격적으로 도입되면서 PC통신 시대가 열렸다. 50대 이상 세대들에게는 천리안과 같은 초기 인터넷 서비스가 익숙하다. 이들 플랫폼에서는 '소모임'이나 '동호회'라는 이름으로 온라인 커뮤니티 활동이 이루어졌는데, 통신사에서 소모임을 승격시켜 동호회로 운영하는 방식이 일반적이었다. 이 구조는 오늘날의 디시인사이드(Dcinside) 갤러리 시스템과 유사하다. 예를 들어, PC통신의 동호회는 디시인사이드의 정식 갤러리, PC통신 소모임은 마이너 갤러리, 미니 갤러리에 상응하는 개념으로 이해할 수 있다.

1990년대 후반부터는 가정에 컴퓨터가 보급되면서 대중을 수용하기 위한 미디어 서비스들도 폭발적으로 증가했다. 이와 함께 디시인사이드와 같은 개인 운영 기반의 동호회 웹사이트들도 등장했으며, 이를 네이버 카페나 다음 카페와 구분하기 위해 '커뮤니티'라는 개념을 사용했다.

이후 국내에서는 인터넷 동호회, 온라인 동창회 등 다양한 형태의 온라인 활동이 활발해졌고, 개인 차원에서도 '미니홈피'를 개설하는 문화가 빠르게 확산했다. 이런 흐름 속에서 네이버, 카카오, SK텔레콤 등 국내 대기업들이 자사 기반의 SNS 서비스를 선보였고, 이 가운데 '싸이월드'는 국내 최초이자, 세계적으로도 가장 이른 시기에 시작된 SNS 중 하나로 평가된다. 참고로, 미국의 한 대학생이 재미로 시작한 페이스북은 그 후에 만들어진 것인데, 지금은 싸이월드는 쇠퇴하고 페이스북은 가장 큰 SNS를 운영하는 세계적인 대기업이 됐다.

이렇게 발전한 SNS 서비스는 대한민국뿐만 아니라 전 세계에서 많은 사람이 이용하는 매체가 됐다. 기존의 전통 매체들의 이용률이 점차 줄어드는 추세지만, SNS 서비스는 비약적인 발전을 해 온 것이다. 이렇듯 많은 사람이 이용하고 있는 SNS는 앞으로 또 어떻게 변화할지 예측하기 어렵다.

최근 몇 년 사이 SNS 이용이 급격하게 증가해 왔지만, 동시에 SNS 이용에 피로감을 느끼는 사람들도 점차 늘어나는 현상이 관찰되기 시작했다. 시장 조사 전문 기업 엠브레인 트렌드모니터가 2018년 SNS 계정을 보유하고 있는 만 19세~59세 성인 남녀 2000명을 대상으로 실시한 'SNS 이용 및 피로도'에 관한 설문 조사 결과에 따르면, 최근 SNS의 사회적 영향력이 크게 확대되고 있음에도 불구하고, 실제로 SNS를 적극적으로 활용하는 사용자는 오히려 줄어들고 있는 것으로 나타났다. SNS 이용률의 변화를 살펴보면, 전체 응답자의 46.5%가 SNS의 이용률이 과거와 비슷한 수준이라고 응답한 가운데, 예전보다는 SNS 이용이 감소했다는 응답자(33%)가 증가했다는 응답자(20.5%)보다 많은 것으로 조사됐다. 특히 2015년 조사와 비교했을 때 SNS 이용이 예전보다 감소했다는 응답은 더욱 많아지고(15년 26.3%→17년 33%), 증가했다는 응답은 줄어든(15년 24.9%→17년 20.5%) 것을 보면, 이런 흐름이 일시적인 변화가 아닐 가능성을 시사한다. 과거 대비

SNS 이용이 감소한 것 같다는 응답은 주로 30~40대에서 많이 나왔다.

SNS 이용이 줄어든 이유로는 SNS에 대한 흥미와 관심이 떨어지고(43.9%, 중복 응답), SNS를 사용할 필요성을 점점 느끼지 못한다(39.3%)는 점이 주요하게 꼽혔다. 또한 사생활이 불특정 다수에게 노출되는 것이 싫고(34.1%), SNS를 관리하는 데 너무 많은 시간과 노력이 들어가는 것 같다(29.7%)는 점도 SNS를 덜 사용하게 만드는 이유였다.

SNS 사용자 10명 중 3명 정도(31.7%)는 'SNS 피로 증후군'을 경험한 것으로 조사됐다. 이는 SNS를 통해 과도하게 공유되는 정보나 사생활로 인해 중독과 피로를 경험하는 이용자 비율이 적지 않다는 점을 시사한다. 남성(26.9%)보다는 여성(36.4%)의 비율이 높았으며, 그중에서도 20대 여성(39.2%)과 30대 여성(38.4%)이 느끼는 피로감이 큰 편이었다.

SNS 피로 증후군을 유발한 주요 원인으로는 별다른 실속이 없는데 SNS 관리에 너무 많은 시간과 노력을 들이고 있다는 인식(40.9%, 중복 응답)이 가장 많이 지목됐다. 또한 너무 많은 정보 때문에 피곤함을 느끼고(33%) 남들이 부러워할 만한 모습들만 골라서 자랑하듯 올리는 사람들의 모습이 짜증 나며(32.1%), 원하지 않는 사람들과의 관계 형성에 부담감을 느끼는(31.9%) 것도 큰 영향을 끼치고 있었다. 이와 함께 다른 사람들의 일상을 보면서 상대적 박탈감을 느끼게 되는 것(28.6%)도 중요한 이유였는데, 이런 의견은 2015년(21%)에 비해 눈에 띄게 증가한 수치다. SNS에 올라온 타인의 일상 중 상대적 박탈감을 느끼게 만드는 것은 주로 해외여행(73.5%, 중복 응답)과 값비싼 취미 생활(55.8%), 고급스러운 식사와 파티(53%), 근사한 집(43.6%)에 관한 자랑들이었다.

이 같은 조사 결과는 SNS 이용자들이 만족감이나 행복감을 지속적으로 느끼면서 서비스를 이용하고 있다고 단정할 수 없음을 시사한다. 따라서 향후 보다 심층적인 후속 연구의 필요성이 제기된다. 그간 SNS는 이용자의 만족감과 행복감을 증진시키는 긍정적 도구로 인식되어 왔으나, 최근에는 과도한 사용으로 인한 정서적 피로와 부정적 정서가 누적되며, SNS 이용 의사 자체가 점차 감소하는 추세가 나타나고 있다.

또한 이런 조사 결과는 책의 후반부에서 필자가 수행한 연구 결과와도 밀접하게 연결된다. 특히, 6장부터 9장에 걸쳐 다룬 자기 노출, 자존감, 자기표현 동기, 타인과의 비교 성향, 사회적 지지 등의 변인이 SNS 이용자의 만족감과 행복감에 미치는 영향을 체계적으로 분석했다.

필자가 이 책을 집필하게 된 계기는 "SNS를 이용하는 대다수 사람이 과연 얼마나 행복감을 느끼고 있을까?"라는 근본적인 물음에서 비롯됐다. 이 질문에 대한 해답을 찾기 위해 연구를 수행했고, 그 결과를 바탕으로 두 편의 논문을 학술지에 발표했다. 이런 연구 성과를 토대로 SNS 이용자들의 심리적 특성과 정서적 반응에 관한 내용을 체계적으로 정리했으며, SNS가 발전해 온 역사적 맥락 속에서 인간관계의 변화 과정을 우선적으로 조망한 뒤, 전체적인 책의 구성을 완성했다.

이 책의 구성

최근의 흐름과는 다소 차이가 있을 수 있으나, SNS의 출발점을 이해하기 위해 제1장에서는 '사이버 공간에서의 인간관계'를 주제로 다루었다. 우리가 오늘날 너무도 당연하게 받아들이는 사이버 공간은 1990년대 중반 국내에 인터넷이 들어오기 시작하면서부터의 사회적 환경이다. 기술 그 자체는 새로운 소통의 방식과 플랫폼을 제공할 수 있지만, 이를 이용하는 인간은 크게 변화하지 않는다. 그러므로 새로운 미디어로 인한 인간관계의 변화는 급진적이고 극단적인 전환이라기보다는, 보다 융통성 있고 확장된 형태로 재구성된 것으로 볼 수 있다. 이 장에서는 바로 그러한 인간관계를 다루고자 한다. 우리 사회는 이미 디지털 및 모바일 환경 속에 깊이 진입해 있으나, 그 변화의 시발점이었던 1990년 중반 인터넷 도입기의 인간관계를 살펴볼 것이다.

두 번째 장에서는 디지털 인간관계와 모바일 인간관계에 대해 살펴보고자 한다. 미디어의 발전에 따른 대인 간 의사소통의 변화는 곧 인간관계의 변화로 이루어진다. 왜냐하면 의사소통을 위한 미디어의 발전이 인간관계에 영향을 미쳐 새로운 인간관계를 만들어 내기 때문이다. 지금까지와는 다른 인간관계의 형태가 나타나기 시작한 것으로, 기존의 사이버 세상 속에서의 인간관계와는 다른 새로운 디지털 인간관계가 등장했다. 또한 디지털 기기의 발전으로 스마트폰이 대중화되면서 일상적으로 사용되는 모바일을 통한 인간관계가 보편화됐다. 1990년대 중반 이후 휴대 전화가 등장하면서 의사소통에도 많은 변화가 일어났으며, 스마트폰의 등장으로 단순히 소통하는 관계를 뛰어넘는 새로운 형태의 인간관계가 나타났는데, 이러한 모바일 인간관계의 변화 과정과 특징을 살펴보고자 한다.

세 번째 장에서는 이미 새로운 형태의 매체로 자리 잡은 소셜 미디어에 대한 이해와 소셜 미디어로서의 SNS에 대해 살펴볼 것이다. 스마트폰의 대중적 보급과 여러 형태의 SNS 등장이 맞물리면서 중·장년층도 SNS를 통해 친구들이나 동호회 사람들과 소통하는 모습을 쉽게 찾아볼 수 있다. SNS가 더욱 다양한 연령대와 계층으로 관계를 확장해 나가면서, 자연스럽게 SNS에서 전달되는 정보의 양도 더욱 많아졌다. 미디어 이용을 개인이 접하는 1대 1의 관계가 아니라 '언제 어떤 장소에서 어떤 미디어를 누구와 그리고 어떤 활동과 함께 접하고 있는가?'에 의미를 둔다면, 적극적인 미디어 이용 행위는 이미 잘 알려진 대로 20·30세대에게서 가장 많이 나타난다. 점점 더 우리 일상에 중요하게 자리를 잡은 소셜 미디어와 소셜 미디어로서의 SNS에 대해 살펴볼 것이다.

네 번째 장에서는 소셜 네트워크 서비스의 의미와 활용에 관한 내용을 살펴볼 것이다. 인터넷이 관계 맺기의 장으로 거듭나면서 인터넷 이용은 정보나 오락적인 목적보다 이용자 자신을 알리고 직접 참여하여 사람들과 관계를 맺는 상호 작용 중심의 이용 방식으로 변화하고 있다. 언어, 문화, 국가와는 상관없이 유사한 관심을 가진 사람들과 연결해 관계 맺기를 하거나 관계를 관리해 주는 소셜 네트워크 서비스가 크게 관심을 끌고 있다. 이처럼 SNS 이용이 일상화됨에 따라 우리의 일상뿐만 아니라 사회, 정치, 경제적인 측면에서 새로운 변화나 현상이 나타나고 있다. 이미 인터넷이 사회, 문화, 정치, 경제 영역에 새로운 변화를 가져왔기 때문에 놀랍지는 않지만, SNS만의 특성이 반영된 변화가 진행되고 있다. 이러한 변화에는 긍정적인 면도 있지만 부정적인 쟁점으로 떠오르는 부분도 있으므로 소셜 네트워크 서비스의 의미와 활용에 대해 살펴볼 필요가 있다.

다섯 번째 장에서는 소셜 네트워크 서비스의 수용자에 관한 내용을 살펴볼 것이다. 국내에서 스마트폰 보급은 2018년에 5000만 대를 넘어서 1인 1 스마트폰 시대를 열었다. 우리나라만큼 빠른 속도로 가입자가 늘어난 예는 세계 어디에도 없다고 한다. 스마트폰 보급의 확대는 SNS를 이용하는 사람들을 그만큼 빠르게 늘려 갔다. 인터넷만으로는 할 수 없는 일이었다. SNS는 우리나라뿐 아니라 점점 세상을 바꾸는 중심적 힘으로 작용하고 있다. SNS를 이용하는 수용자들은 모든 신기술 수용의 단계와 마찬가지로 10대에서 30대 사이의 연령층이 주를 차지한다. 이들은 정보 추구나 자아 추구 혹은 자기표현, 관계 맺기 등의 이유로 SNS를 활용하고 있다. SNS는 사람들 간의 관계를 변화시키기도 한다. SNS 안에서 자기표현과 소통이 활발해지면서 일상적인 이야기, 즉 스몰토크가 증가하고,

페북 친구 등과 같이 기존의 친구 개념과는 다른 형태의 관계가 형성되기도 한다. SNS 수용자 간의 디바이드는 세대 간의 격차나 사회 자본의 불균형 같은 사회적 문제를 심화할 수 있다는 점에서 주의 깊게 살펴볼 필요가 있다.

이처럼 전반부에서는 SNS에 대한 개괄적인 내용을 정리했고, 후반부는 SNS 이용자의 심리 특성에 주목한다. 즉, SNS 이용자의 심리적 특성을 중심으로 삶의 만족도와 행복감이 어떻게 달라지는지를 기술했다.

여섯 번째 장은 자기 노출(self-disclosure) 수준에 따른 만족감에 관한 내용으로, 소셜 미디어는 본질적으로 인간관계를 좀 더 넓고 다양하게 확대하려는 수단으로 볼 수 있다. 시간과 공간의 제약을 넘어 사이버 인간관계망을 형성할 수 있게 됐고 그 속에서 이용자들 간의 정보 교환은 빠르게 이루어지고 있다. 이처럼 과거보다 빨라진 정보 교환과 네트워크 기반의 인간관계 확장이 개인의 삶에 어떤 영향을 미치고, 궁극적으로 행복감을 높이고 있는지는 확인이 필요한 문제라고 할 수 있다. 특히 페이스북과 같은 소셜 미디어 이용은 본질적으로 자기 노출에서 시작된다고 볼 수 있으므로 이에 대해 살펴볼 것이다.

일곱 번째 장은 자아 표현 동기와 사회 교류 동기에 따른 만족감에 관한 것으로, 이 두 동기가 SNS 이용자들의 행복감에 미치는 영향을 확인해 보았다. 사람들은 SNS를 통해 인간관계를 보다 효과적으로 관리하고 유지하기를 바라는 동기를 가지고 있다. 심리학자 에이브러햄 매슬로(Abraham Maslow)는 인간의 다섯 가지 기본 욕구 중 세 번째를 사회적 동기로 구분했다. 오늘날 사람들 대부분은 사회적 동기를 강하게 표출하고 있는데, 이는 자아 표현 동기와 사회 교류 동기로 구체화된다. 따라서 이 두 가지 동기가 SNS 이용자들의 행복감과 만족감에 어떤 영향을 미치는지를 확인할 필요가 있다.

여덟 번째 장은 사회적 비교 성향이 만족감에 미치는 영향에 대해 살펴보았다. SNS 이용과 그에 따른 우울감과 같은 정서적 · 인지적 측면의 부정적 영향에 관한 연구가 많이 수행되고 있다. 이러한 연구는 대부분 SNS 사용자가 이용 과정에서 겪는 타인과 자신을 비교하는 사회 비교(social comparison) 경험이 우울감과 같은 부정적 정서를 유발하는 주요 원인이라고 주장한다. SNS 이용자들은 행복하거나 즐거운 내용으로 가득한 타인의 자기 과시적 포스팅(posting)을 보며, 그들과 비교하게 되고 상대적으로 스스로 덜 행복하다고 느끼는 박탈감을 자주 경험한다. 이런 상대적 박탈감은 우울감과 연관될 수 있으므로, 이를 살펴볼 필요가 있다.

아홉 번째 장은 자존감 및 사회적 지지에 따른 만족감과 관련된 것이다. 자존감이 낮을수록 SNS를 더 자주 이용하며, 특히 자존감이 낮고 외현적 자기애(grandiose narcissism)가 높을수록 SNS에서 자기표현 행동을 더 많이 한다는 것이 밝혀졌다. 이는 자존감이 낮을수록 SNS를 통해 오프라인에서의 부족한 사회적 관계를 보완하려는 경향이 있음을 시사한다. 그러나 한편으로는 자존감과 SNS 사용 간의 관계가 뚜렷하지 않다는 연구도 존재한다. SNS에서 자신의 글이나 사진을 보고 많은 사람이 '좋아요'나 긍정적인 댓글을 남기면 자존감이 올라가고 삶의 만족도에도 긍정적인 영향을 줄 수 있다는 연구도 있다. 이런 결과는 사회적 지지감이 자존감을 매개로 하여 삶의 만족도에 긍정적인 영향을 미친다는 점에서, 이에 대한 추가적인 탐색이 필요함을 시사한다.

마지막으로 "소셜 네트워크 서비스를 이용하면서 사람들이 얼마나 행복할까?"에 대한 결론을 정리해 보았다. 사이버 공간에서의 활동이 삶의 만족도와 밀접한 관련이 있다는 점은 이미 기존의 많은 연구를 통해 밝혀졌다. SNS 이용자들의 만족도와 행복감에 관한 연구도 활발하게 진행되어 왔지만, 최근에는 SNS를 이용하면서 피로감을 호소하는 경우가 증가하고 있다. 즉, 'SNS 피로 증후군'이라는 새로운 현상이 나타나기 시작한 것이다. 과연 SNS 이용자들은 얼마나 만족하고 행복할까? 마지막 장에서 이에 대한 결론을 제시했다.

01

사이버 세상 속에서의 인간관계

흔히 디지털이나 유비쿼터스라고 하면 대부분 첨단적이고 파격적인 것을 기대한다. 그러나 기술 그 자체는 새로운 가능성을 제공할지라도, 이를 이용하는 인간의 본질은 크게 달라지지 않는다. 따라서 새로운 미디어로 인한 인간관계의 변화는 극단적이고 파격적인 전환이라기보다는, 융통성 있게 확장된 형태로 나타나는 경우가 많다.

사이버 세상의 특성

지금은 너무나 익숙해진 사이버 공간은, 특정 장치의 매개를 통해 실존하지 않는 물리적 공간을 시청각으로 경험하는 '전자 접촉'의 형태로 정의할 수 있으며, 컴퓨터를 통해 이루어지는 활동을 대표하는 의미로 쓰이고 있다. 인터넷이 우리에게 미치는 영향은 매우 크며, 무엇보다도 개인의 정체성과 깊은 관련이 있다. 터클(Turkle, 1995)은 개인이 자신의 정체성을 드러내지 않은 채, 억압됐던 생각이나 신념 등을 자유롭게 표현할 수 있는 공간을 갖게 됐다고 설명한다. 익명성을 바탕으로 자신의 의사나 생각을 자유롭게 표현할 수 있다는 것은 대체로 긍정적인 측면으로 평가된다. 즉, 인터넷 세상에서는 개인이 기존에 가지고 있던 고정관념에서 벗어나 보다 융통성 있고 유연한 사고를 할 수 있으며, 타인의 시선을 의식하지 않고 자유롭게 소통할 수 있다. 사이버 공간에서는 낯선 사람들과의 만남에서도 높은 친밀감을 느끼며, 표현 또한 상대적으로 쉽게 할 수 있다.

하지만 사이버 공간에서는 인간관계가 더욱 빠르게 형성되고 거리감 없이 가까워지는 반면, 익명성으로 인해 발생하는 인간의 공격성이 직접적으로 드러나는 부작용도 나타난다. 상대방에 대한 배려 없이 감정이 노골적으로 표출되는 현상이 두드러지게 증가하고 있다. 황상민(1997)이 사이버 공간의 특성을 네 가지로 분류한 것을 요약하면 다음과 같다.

익명성과 자기표현성

사이버 공간상에서 개인의 이름은 ID로 표현되는데, 이 ID는 사이버 공간에서 이름이자 주소이기도 하다. 자신을 어떤 이미지로 만들 것인가는 사이버 공간에서의 교류가 가지는 일차적인 특성이기도 하다. 타인이 나를 알지 못하고, 또한 알 수 없다는 '익명성'은 타인뿐만 아니라 자신의 이미지 역시 새롭게 만들 수 있다는 자유를 경험하게 한다.

채팅을 통한 인간관계의 시작

자기 모습을 사이버 공간에서 표현하는 경우는 머드 게임(MUD game: 여러 명이 동시에 통신망에 접속해 진행하는 게임)에만 국한되지 않는다. 현실 세계와 가장 유사하면서도 익명성을 누리는 만남으로 '채팅'이 있다. 채팅에 의한 교류는 교류 방식이 현실의 형태를 띠면서, 현실과는 또 다른 공간 속에서 만남이 이루어진다는 점에서 더 현실감이 있다. 채팅에서의 만남은 구체적인 만남 자체이지만 관계를 지속하거나 중지하는 데 심리적인 부담이 적다. 그뿐 아니라 이런 교류에는 나 자신이 투자해야 한다는 심리적 부담 없이 새로운 인간관계를 실제로 경험할 수 있다. 특히 채팅이란 컴퓨터 화면상에서 나타나는 언어적 표현을 통해 이루어지므로, 인간관계의 모습이 구체적인 실체 그대로 드러난다. 채팅의 참가자는 사이버 공간 속의 만남에서, 이전의 인간관계에서 억제해 왔던 욕구나 갈등을 표현하는 손쉬운 현실적 대안으로 채팅을 활용하기도 한다.

〈접속〉이라는 영화는 채팅을 통해 인간관계의 만남을 수정하고자 하는 사람들의 이야기를 다룬다. 컴퓨터라는 기계를 통해 만들어지는 공간 속에 자신의 심리적 내용을 투사하는 과정을 보여 준다. 채팅의 경험은 현실 속에서 인정하지 못하거나 거부해야 했던 자기 모습을 어떤 방식으로든 구체화하려는 시도로 이어진다. 왜냐하면 채팅 과정에서 자신을 어떤 방식으로든 드러내야 하고, 이는 막연히 느껴지는 자신이 아니라 타인에게 보여지는 구체적인 모습을 만들어야 하기 때문이다.

현실에서의 만남이 아무 생각 없이 우연히 이루어지거나 고통스럽게 나타났다면, 가상 세계에서의 만남은 자기 모습을 비교적 객관적으로 인식한 상태에서 시작되기 때문에 새로운 사람과의 만남이나 그 관계에 대한 자기 성찰이 가능해진다.

주관적 경험의 구체화

화면에 표현되는 내용은 그 자체로는 혼란스러운 내면 상태를 반영하기도 하지만, 동시에 현실보다 훨씬 안전한 공간이기에 사용자는 쉽게 몰입하게 된다. 이런 경우 채팅이 이루어지는 사이버 공간은 마치 대화하는 사람들의 내면적 속성이 거울처럼 투영되는 장소가 된다. 즉, 화면 속의 글들은 사이버 공간에서 거울처럼 작용하며, 자아가 가진 혼란을 개별적인 상태로 전환해 준다. 예를 들어 많은 청소년은 사이버 공간의 채팅에서 음란한 행동을 쉽게 저지르는 경향이 있다. 즉, 현실적으로 억압되어 있던 자기 모습을 사이버 공간의 대상에게 분출하는 상황이 된다.

채팅 대화에서는, 자신이 타인에게 보여 주고자 하는 모습을 가능한 한 거칠게, 통제 불가능한 방식으로 드러내고자 하는 욕구가 작용한다. 특히 각각의 채팅 상대에게 같은 모습으로 보이지 않으려는 경향이 나타난다. 이처럼 자신의 모습을 의도적으로 예측할 수 없는 방식으로 나타내려는 경향은 다양한 변신을 통해 얻는 우월감과 통제감의 환상에서 비롯된다. 현실 세계에서 폭주족들이 거리에서 굉음과 스피드를 통해 자신의 존재를 드러내고자 하듯이, 사이버 공간에서는 음란성, 무제한적 행동, 거친 표현 등으로 억제된 자기 모습을 표현하게 되는 것이다.

사이버 공간에서 나타나는 다양한 자아 표현에 대한 흥미와 몰입은 마치 나르시스의 경험을 연상케 한다. 나르시스의 경험이란 타인의 시선에 비친 자신의 모습을 사랑하게 되는 것을 의미한다. 사이버 공간에서 표현된 자신의 역할과 성격에 대한 매료는 연못에 비친 자기 모습에 대한 사랑과 같다. 우리는 문학, 시, 그림 등을 통해 자신을 은유적으로 표현해 왔다. 그러나 이제는 컴퓨터를 통해 직접 무언가를 지시할 수 있으며, 이는 곧 '가상 세계에서 자신이 얼마나 멍청한 존재인지 혹은 얼마나 강력한 존재인지를 스스로 인식하게 되는' 상황으로 이어진다. 이것이 바로 사이버 공간에서의 자신의 정체성을 발견해 가는 과정이며 동시에 복합 정체성을 창조해 가는 과정이다.

개인적 정체성의 표현과 가상 공동체

사이버 공간에서 청소년들은 자신을 다양한 정체성으로 표현하며, 각기 독립적인 개체로서 다른 자아와 만나는 경험을 하게 된다. 이런 경험을 통해 개인은, 자신의 정체성이 사이버 공간에서의 맥락에 따라 역할이나 성격 특성으로 달라질 수 있다는 사실을 인식하게 된다. 구체적인 역할과 상황 속에서 드러나는 다양한 자기 모습을 형성하는 과정에서, 청소년들은 추상적인 새로운 자기 모습을 경험한다. 그러면서 현실 세계 속에서 그 자아의 특성을 점차 구체화해 나가는 것이다. 이런 측면에서 가상 공간에서의 정체성은 고정된 실체라기보다는 끊임없이 확장되고 변화하며, 또 새롭게 창조되는 유동적 개념이다.

가상 공동체에서 출현하는 정체성은 현실처럼 제한적이고 결정적인 속성이 아니라 가변적이면서도 실제로 작용하는 성질을 지닌다. 특히 변화의 양상이나 속도가 현실 세계와 비교할 수 없는 정도로 빠르게 진행된다. 그뿐 아니라 이 변화의 방향을 미리 규정하거나 인도하는 명확한 기준도 존재하지 않는다. 이런 특성으로 인해, 개인의 사회적 정체성은 특정한 역할이나 위치에 의해 고정되는 것이 아니라, 네트워크 안에서의 활동 양상이나 상호 공통점을 어떻게 구성하느냐에 따라 달라지게 된다. 인터넷상에 존재하는 수많은 뉴스, 관심 집단, 동호회, 개인의 정체성을 표현하는 홈페이지나 채팅 등의 활동은 가상 공간 속에서 자신을 새롭게 정의하고, 타인과의 관계 속에서 새로운 정체성을 형성해 나가는 가상 공동체의 실천 양식이라

할 수 있다.

현실과 달리 사이버 공간에서는 정체성의 변신이 가능하고, 새로운 정체성을 창조할 수 있다. 이것은 개인이 자기 모습에 대해 지속적인 특성을 유지하지 않고 변화시키려는 속성을 더욱 강화한다. 사이버 공간에서는 개인적 정체성의 유지라는 개념도 상실되어 개인의 정체성으로 폐쇄되고 제한됐던 인간 자아의 모습이 다양한 정체성으로 구체화된다. 이 과정에서 형성되는 심리적 결과는 새로운 사회적 관계와 표현 양식, 그리고 새로운 가상 공동체에 대한 의식을 학습하는 경험으로 이어진다.

사이버 공간에서의 억제 해제 효과

채규만(2003)은 사이버 공간에서의 '억제 해제 효과'로 인해 현실의 인간관계에서는 상상하기 어려운 일들이 발생한다고 했는데, 요약하면 다음과 같다.

첫째, 일상생활에서의 상호 작용이 감소하는 현상이 발생한다. 인터넷에서 보내는 시간이 늘어날수록, 현실에서 타인과 함께 보내는 시간은 자연스럽게 줄어들게 된다. 또한 인터넷 중독자들은 컴퓨터 앞에서 보내는 시간 때문에 인간관계와 사생활에 어려움을 겪는 경우가 많다.

둘째, 인간관계가 빠르게 형성되고 쉽게 해체되는 경향

이 나타난다. 억제 해제 효과로 인해 인터넷에서는 자신의 욕구를 보다 분명하게 드러낼 수 있어, 관계가 빠르게 가까워질 수 있지만, 감정적 노출에 비해 현실적 인간관계 기술이 부족하기 때문에, 급격히 형성된 관계는 쉽게 식고 소멸하게 된다.

셋째, 인터넷은 새로운 계층과 차별 구조를 만들어 낸다. 전통적으로는 인종, 학벌, 지위를 가지고 타인을 평가하고 차별했지만, 인터넷에서는 기존 정체성이 쉽게 사라지고 새로운 정체성을 기반으로 한 집단이 형성된다. 이런 집단은 자신들만의 특별한 정체성을 공유하며, 다른 집단에 대해 우월감을 느끼고 차별적 행동을 보일 수 있다.

넷째, 비현실적이거나 비정상적인 욕구 실현의 가능성이 높아진다. 인터넷은 청소년 성매매 대상 탐색, 성폭력, 자살 사이트 운영 등 현실에서 허용되지 않는 행위를 가능하게 만드는 통로가 되기도 한다.

사이버 세상의 인간관계

일반적인 생활에서 나타나는 적극적인 대인 관계에서는 '자기 개방'이 우선적으로 이루어진다. 여기서 자기 개방이란 실제 상황에서 경험하게 되는 감정, 생각, 바람 등을 자연스럽게 표현하며, 자신의 의견을 드러내고 타인의 의

사를 존중하는 태도를 포함한다. 타인의 의사를 존중한다는 것은 '나는 틀리고 너는 옳다'는 일방적 입장이 아니라, '나도 옳고 너도 옳다'는 입장 차이를 인정하는 태도에 기반해야 한다. 그러나 사이버 공간에서는 자기에게 솔직하고 적극적인 자기 개방, 자기 수용, 타인 수용이 이루어진다고 보기는 매우 어렵다. 또한 대인 관계에서의 태도뿐만 아니라 의사소통 방식에 따라서도 다양한 상호 작용의 양상이 나타난다. 그렇다면 사이버 공간에서의 인간관계는 적극적이라기보다는 매우 수동적이라고 볼 수 있다.

한편 현실 공간에서는 사람들의 의견이나 감정 표현을 조절하고 억제하는 다양한 장치가 발달해 왔다. 법률, 규범, 관행, 보복 등의 외부적 억제 장치는 물론이고, 책임의식, 체면, 혹은 무의식적인 자기 규제와 같은 내부적 장치도 존재한다. 그러나 사이버 공간에서는 그러한 억제 장치들이 힘을 잃는다. 따라서 사이버 공간에서는 네티즌들이 자기감정과 욕구에 충실하게 반응한다. 즉, 다른 사람들의 시선을 의식하지 않고 감정에 따라 행동하게 되어 과장된 행동이나 표현이 빈번하게 나타난다.

변화의 시작

정보 기술의 발달은 우리의 '관계'마저 변화시키고 있다.

인터넷이 우리 삶에 깊숙이 들어오면서 사람들의 일상생활과 일, 커뮤니케이션 방식까지 변화시키고 있다. 우리 삶의 일부가 되어 버린 인터넷을 통한 인간관계 또한 기존의 그것과는 다른 모습으로 전개되고 있다. 여기에 모바일로 대표되는 이동 전화의 가세는 우리의 생활 유형과 인간관계에 또 한 번의 변화를 가져왔다. 더구나 이동 전화의 확산으로 촉진된 모바일은 유비쿼터스 환경을 촉진하고 있다. 이에 따라 아날로그적 관계에서 디지털 관계로의 전환에 이어, 이제는 모바일의 확장을 기반으로 유비쿼터스 시대가 요구하는 '이동성 중심의 관계'로 변화가 이어지고 있다.

뉴미디어 도입 초기에는 통신 기술의 발달이 개인의 의사소통 체계와 인간관계에 부정적인 결과를 가져올 것이라는 주장과, 물리적 제약을 넘어서 인간 커뮤니케이션을 증진시켜 더욱 밀접한 관계 형성을 가능하게 할 것이라는 주장이 병존하며 활발히 논의됐다. 따라서 디지털에서 모바일로, 다시 유비쿼터스의 개념이 중시되는 오늘날, 이러한 변화를 추동하고 있는 미디어와 연계해 전개되고 있는 새로운 인간관계를 미디어 특성과 결부하여 논의하는 시도는 매우 의미 있는 작업이라 할 수 있다. 이메일과 이동 전화의 보편화, 다시 말해 디지털과 모바일 기술에 의

존해 변화하고 있는 인간관계를 체계적으로 분석하고, 점차 유비쿼터스 환경으로 이행하고 있는 현재, 인간관계가 어떻게 변화하고 있으며, 향후 어떤 방향으로 전개될지를 전망해 보는 일은, 지금 이 시점에서 매우 중요한 과제라 할 수 있다.

참고문헌

채규만(2003). 디지털 시대의 인간 심리와 문제점. ≪인문과학연구≫, 21(단일호), 183-207쪽.

황상민(1997). 사이버공간 속에서의 인간관계의 심리. ≪대학생활연구≫, 15.

Turkle, S.(1995). *Life on the screen: Identity in the age of the internet.* NY: Simon & Schuster.

02

디지털 인간관계와 모바일 인간관계

미디어의 발전에 따른 대인 간 의사소통의 변화는 곧 인간관계의 변화로 이루어진다. 이는 의사소통을 가능하게 하는 미디어의 발전이 인간관계에 영향을 미쳐 새로운 인간관계를 만들어 내기 때문이다. 한편 인터넷을 통한 디지털식 온라인 관계가 활성화되면서 디지털 인맥이라는 개념까지 등장했다. 여기서 한 단계 더 나아가, 사람들은 인터넷을 통해 편하게 이야기를 주고받고 가까운 사람들끼리는 방명록을 쓰면서 서로의 안부를 묻기도 한다.

2003년부터 인기를 얻기 시작한 싸이월드 미니홈피는 '1촌 맺기'를 통해 제한된 사람들 간의 사적이고 친밀한 관계를 형성할 수 있도록 해 주었다. 이런 현상은 그동안 디지털 인간관계에서는 신뢰감과 친밀감 구축이 어렵다는 부정적 인식을 불식시키고, 강한 유대감을 형성할 수 있음을 보여 주는 사례로서, 디지털 인간관계도 대면 관계에 필적할 수 있음을 시사한다. 이후 국내에서 큰 인기를 끌었던 싸이월드가 사라지고 그 자리를 트위터, 페이스북, 인스타그램 등이 대체하고 있다. 이에 따라, 지금까지와는 다른 인간관계의 형태가 등장하기 시작했다. 즉, 기존의 사이버 공간에서 이루어지던 인간관계와는 성격이 다른 새로운 디지털 인간관계가 등장했다.

컴퓨터로 매개되는 관계

기술의 발전으로 인한 디지털 인간관계는 컴퓨터 매개 커뮤니케이션(Computer Mediated Communication: CMC)의 등장으로 가능해졌다. 이제 CMC를 일반적인 대면 의사소통과 비교해 보자.

먼저 대면 의사소통의 경우, 의사 교환은 송·수신자 간의 직접적인 관계 형성이 이루어진 뒤에 가능하고, 언어적 · 비언어적 요소를 통해 의사소통 행위가 이루어지며, 상대방과의 관계 설정을 중요시하는 속성이 있다. 한편 CMC에서 제공하는 서비스 중 가장 보편화된 것이 이메일이고, 메신저는 이메일 시스템에서 설정된 특정 집단 내의 연결을 보다 강화하기 위한 도구로 활용된다. 상대적으로 많은 접촉을 필요로 하는 직장인과 학생들이 주로 이용하며, 상대방의 접속 상태를 확인하면서 실시간 대화가 가능하다는 점이 특징이다. 또한 블로그는 일반인이 개인의 관심사를 칼럼, 일기 등의 형태로 자유롭게 표현할 수 있는 1인 미디어 웹사이트를 의미한다. 이메일은 상호 간의 이메일 계정을 통해 주고받는 방식이며, 메신저는 상호 허용된 경우에만 관계가 형성될 수 있다. 이런 측면에서 볼 때, 블로그는 더 개방적인 형태의 관계를 가능하게 하지만, 이메일과 메신저를 통한 관계는 상대적으로 더 견고하고 밀접한 연결을 형성할 수 있다.

디지털 인간관계

시공간을 초월한 융통성 있는 인간관계: 보이지 않는 너와 나

개인 대 개인이 물리적으로 만나기 위해서는, 공통된 시간과 공간이라는 제약 조건이 따른다. 하지만 온라인에서는 언제 어디서나 새로운 커뮤니케이션의 장을 마련할 수 있다. 이처럼 지리적 제약을 극복함으로써, 커뮤니케이션 상황을 조성하는 데 필요했던 기존의 물리적 조건이 불필요해졌기 때문에, 더 융통성 있고 신속한 상호 교류가 가능해졌다고 볼 수 있다. 한편 대면 상황에서는 대화 참여자들이 서로 이야기를 나누고, 청취하고, 또 비언어적 행위를 통해 의사소통을 보완하게 된다. 이때 눈 맞춤, 얼굴 표정 등 비언어적 행위는 커뮤니케이션 과정에서 언어적 표현을 강조하거나 보완하고, 상황의 맥락을 암시하는 중요한 역할을 한다. 하지만 온라인 교류에는 그러한 비언어적 요소가 배제되기 때문에, 언어적 메시지 이외에 송·수신자 간의 심리 상태와 관계에 관한 정보 제공이 어렵다. 이러한 요인이 부재한다는 점은 분명 커뮤니케이션 과정뿐 아니라, 이를 통한 관계 형성에도 큰 영향을 미친다. 그리고 이메일을 주고받을 때처럼 신분이 노출되거나 확인되지 않는 익명을 통한 교류는 참여자 모두의 신분을 평등화하기도 하지만, 상대방의 정체를 확인할 수 없는 비인격화된 관계 형성을 유발하기도 하는데, 이는 다음과 같은 특성을 갖는다.

첫째, 서로의 신분이 노출되지 않은 상태이므로 의견 교환이 그만큼 솔직하고, 주고받는 주제나 내용에 더 정확

하게 접근할 수 있다. 둘째, 참여자들은 좀 더 자기중심적으로 사고하거나 타인보다는 자기 자신을 위주로 교류를 진행한다. 셋째, 교류 과정을 특정인이 독점적으로 지배하는 경우가 적어서 보다 평등한 참여가 보장된다. 이처럼 관계 형성에서 익명성이 보장된다는 점은 긍정적인 측면이 있다. 그러나 반대로, 익명성을 가면으로 오해해 무책임한 비방을 일삼는 경우, 긍정적인 관계를 훼손하는 부정적 결과로 이어질 수 있다.

디지털 무리 짓기: 사이버 커뮤니티

보편화된 사이버 커뮤니티의 유형은 다음과 같이 분류할 수 있다.

첫 번째 유형은 특정 분야나 인물에 열광적으로 몰입하고 표현하는 '팬덤' 커뮤니티이며, 대표적인 사례로 '붉은 악마'와 같은 응원 문화를 들 수 있다. '팬덤'이란 대중적인 특정 인물이나 콘텐츠를 열정적으로 좋아하고, 이를 적극적으로 표출하는 문화적 현상을 의미한다.

두 번째 유형은 노인, 여성, 어린이, 소수 민족 등 소수 집단의 참여를 위한 커뮤니티로, 동일 연령대나 거주 지역을 기반으로 형성된다. 한편 사이버 커뮤니티에서는 특정 주제에 대한 공통된 관심이라는 관계 형성 동기와 익명성

때문에, 사회적 특성이 이질적인 사람들도 쉽게 연결된다.

참고로 사이버 커뮤니티에서 형성되는 관계는 정보에 의존한 관계라고 할 수 있다. 즉, 커뮤니티 유지의 핵심 동력은 정보 그 자체에 있으며, 좀 더 구체적으로는, 어떤 정보가 제공되고, 얼마나 적절하며, 풍부한 양과 신속성, 그리고 신뢰성을 갖추고 있는지가 중요하다. 인터넷상에서 영향력 있는 커뮤니티들은 대부분 이런 조건을 충족하고 있다. 한편 커뮤니티를 공유된 관심사라는 기준으로 정의할 경우, 내부자와 외부자 사이의 경계가 강화되는 결과를 초래할 수 있다. 그 결과, 커뮤니티는 점차 협소화되고 폐쇄적으로 변질되며, 이는 인터넷이 지향하는 '열린 커뮤니티'라는 개념과 맞지 않게 되고, 전체적인 성장과 응집력을 약화할 수 있다.

모바일 인간관계

이미 오래전부터 스마트폰은 대다수 사람들의 일상 속에서 자연스럽게 사용되고 있으며, 이를 기반으로 한 모바일 인간관계도 이제는 대중화된 상태다. 1990년대 중반 이후 휴대 전화가 등장하면서 의사소통에서도 많은 변화가 일어났다. 이제 모바일 인간관계의 변화 과정과 특징에 대해 살펴보자.

휴대 전화의 등장과 의사소통의 변화

휴대 전화가 인간의 사회적 유대감에 어떤 영향을 미치는가, 즉 휴대 전화가 사회적 유대감의 형성 · 유지 · 강화에 기여하는가, 혹은 오히려 사회적 유대감을 교란하는가는 여러 학자에게 던져진 핵심적인 화두였다. 연구자들은 면대면 상호 작용과 휴대 전화를 통한 매개적 상호 작용 양자 모두에 미치는 휴대 전화의 영향에 주목했다.

모바일 커뮤니케이션은 대개 가족이나 지인들로 이뤄진 친밀한 집단 내 커뮤니케이션을 강화하는 역할을 한다. 모바일 커뮤니케이션이 개인의 사적 영역 내의 대인 접촉에 주로 사용되며 때로는 이 과정에서 면대면 상호 작용이 희생되는 일도 나타나고 있다. 결국 휴대 전화는 다양한 의례적 상호 작용을 통해서 기존의 강한 연결망을 더욱 굳건히 하는 데 이바지한다. 안도감과 안전감의 확보, 일상생활에서의 여러 가지 일의 세부적 조정, 집 밖에서의 활동을 둘러싼 부모와 자녀 간의 힘 겨루기 등 휴대 전화가 인간의 삶에 가져온 변화는 헤아릴 수 없이 많다고 할 수 있다.

모바일 커뮤니케이션은 인간관계를 맺고 유지해 나가

는 사교적 상황이 전개되는 방식과 그러한 상황들이 처리되는 과정에 근본적인 변화를 가져왔다. 가장 큰 변화는 사람들과 '어디서든' 연결될 수 있게 된 점이다. 모바일 커뮤니케이션은 이용자가 타인에게 직접 연락할 수 있고 또 타인으로부터 언제 어디서든 연락받을 수 있다는 점에서 여타 대인 커뮤니케이션 매체들과는 다르다. 모바일 커뮤니케이션을 통해 우리는 특정 개인에게 직접 연락할 수 있게 된 것이다. 이와 같은 변화는 우리가 사회적 유대를 맺고 유지하며, 그 관계를 처리하는 방식 전반에 영향을 미치고 있다.

최근에는 유아나 고령자를 제외하면 거의 전 국민이 사용하는 필수품이 됐다. 많은 사람이 휴대 전화 없이는 살지 못할 정도로 그 무엇보다 먼저 지니고 다니는 도구가 됐는데, 특히 스마트폰의 급속한 보급 이후 그 현상은 더욱 두드러진다. 지하철을 비롯한 공공장소에서 대부분의 사람이 스마트폰으로 문자, 카카오톡, 음악, TV, 전자책, 동영상 강의 시청, 통화 등 다양한 기능을 이용하고 있다. 대학 강의 현장에서는 스마트폰 사용으로 수업이 방해받는 등 그 폐해가 심각하다. 하지만 이제는 스마트폰 기반의 모바일 커뮤니케이션이 일상화된 대세임은 부정할 수 없다.

휴대 전화 단말기는 이메일, SNS 메시지는 물론 멀티미디어 메시지까지 보낼 수 있는 기능을 갖추고 있으며, 이를 통해 유머나 감정 표현은 물론 이성 간의 관계 형성도 용이해졌다. 휴대 전화와 같은 매개적 상호 작용을 활용함으로써 동료들과의 접촉이 늘어나고, 이에 따라 우리의 삶이 더 윤택해지는 것 또한 사실이다. 메시지는 타인들과의 인간관계를 유지하거나, 사교적 상호 작용에 일정한 변화를 주기도 하고, 심지어는 면대면 만남을 대체하는 수준으로까지 발전했다. 물론 여전히 사회적 의례의 중심은 대면 상호 작용이지만, 휴대 전화와 같은 매개 커뮤니케이션의 영향력이 점차 확대되고 있으며, 이는 사회적 의례의 방식에도 변화를 초래하고 있다.

여러 학자가 주장하듯이 휴대 전화는 일상생활은 물론 인간관계를 맺고 그 관계를 유지하는 방식에 중대한 영향을 미치고 있다. 이동성, 개별성, 즉시성, 직접성 등으로 요약되는 모바일 미디어의 매체 속성은 인간 생활의 제반 영역에 지각 변동을 가져왔다. 무엇보다 먼저 휴대 전화는 삶의 속도와 효율성을 높였고, 비즈니스와 업무 영역은 물론 가정과 개인적 영역에서 유연성을 극대화했다. 특히 청소년 세대에서는 휴대 전화 메시지를 통해 소수의 친밀한 관계가 더욱 고착되는 경향이 나타나고 있으며, 이러한 현상은 국내외 다양한 연구에서 일관되게 확인되고 있다. 끊임없는 접속을 통해 소집단의 인간관계가 더욱 군건해지고 있는 모습이 실증적인 자료를 통해 입증되고 있다. 별 내용도 없는 문자 메시지를 끊임없이 주고받음으로써 인간관계가 더욱 군건해지고, 그 내용보다는 '메시지를 계속 주고받고 있다'는 사실 자체가 더 큰 의미를 지닌다는 것이다(Ling, 2009).

한편 일부 연구자들은 휴대 전화의 확산에 힘입어 현대인의 사회적 관계의 범위가 확장되고 있다는 주장을 펴기도 한다. 휴대 전화가 초래한 접촉 가능성의 확대는 많은 사람을 폭넓게 만날 가능성을 높여 주는 동시에 이미 알고 있는 사람들과의 접촉 기회를 한층 더 늘려 줄 수 있기 때문이다. 이러한 관계망의 폭과 깊이의 심화는 사회 자본의 축적으로 이어져 전 사회적 차원에서 긍정적인 효과를 일으킬 수 있다. 하지만 불행하게도 휴대 전화가 긍정적 결과만을 가져온 것인가에 대해서는 학술적인 면에서나 현실적인 면에서 의문의 여지가 있는 것도 사실이다. 즉, 휴대 전화가 기존의 친밀한 관계를 더욱 폐쇄적으로 만들 수 있으며, 이는 사회적 확장성보다 단절과 고립을 강화하는 부작용으로 작용할 수도 있다는 점에서, 비판적 관점도 필요하다.

모바일 인간관계의 특징

컴퓨터로 매개되던 인간관계는 이동 전화의 등장으로 기존의 유선 연결성에 무선 연결성을 더하게 됐다. 이제 사람들은 이동 중에도 자신의 위치를 알리고, 사랑을 표현하고, 문자 메시지를 통해 말로 하기 어려운 감정을 전달한다. 표면적으로는 이런 연결성이 관계를 더욱 돈독히 하는 장점으로만 작용할 것으로 보인다. 김유정(2007)이 정리한 모바일 인간관계의 특징은 다음과 같이 요약할 수 있다.

쉽게 연결하고 해체되는 피상적 관계

이동 전화는 공간의 제약을 뛰어넘어, 고정된 장소에 얽매이지 않는 사람들 간의 유연한 교류와 연결을 가능하게 만들었다. 이로 인해 관계 형성의 융통성은 한층 강화됐지만, 이러한 관계는 지속적이고 장기적인 관계라기보다는, 가벼운 대화나 정보 교환 수준에 그치는 피상적인 관계로 머무르는 경우가 많다. 특히 사회적 관계 측면에서 볼 때, 항상 접촉이 가능하다는 사실이 심층적이고 참여적인 경험 대신, 피상적이고 방관적인 경험을 하게 만들어 관계 형성에서 중요한 요소인 친밀도를 증가시키는 대신, 양적인 측면만 중시하는 관계로 전락할 수도 있다.

문자로의 연결, 말 없는 소통, 묶여 있는 사람들

문자 메시지의 장점은 해석할 필요도 없는 간단한 문구가 시간과 장소에 구애받지 않고 대상자 개인에게 직접적으로 전달된다는 것이다. 이러한 점이 사람들에게 크게 환영받아 문자 메시지 열풍이 급격하게 확산하고 있다. 청소년들은 간편하고 사용하기 쉬운 문자 메시지를 음성 통화보다 더 자주 활용하고 있으며, 짧은 메시지를 통한 친밀한 소통은 이들 사이에서 이미 '이상적인 소통 방식'으로 자리 잡고 있다. 그 결과 실제 말로 하는 대화는 점차 줄어들고 있다. 즉, 관계를 말에 의한 소통이 아닌, 문자 메시지에 의한 소통으로써 이끌어 가고 있다. 한편 휴대 전화의 보급과 이용으로 상대방과의 연결이 더 중요시되다 보니, 늘 누군가와 연결된 상태를 기대하면서, 반대로 누군가와 항시 연결되어 있지 않으면 불안감을 느낀다. 그러다 보니 휴대 전화가 없으면 불안하고 견딜 수 없다고 느끼는 젊은 층이 점점 늘어나고 있다.

'즉시성'으로 변화된 약속 문화

이동 전화의 또 다른 매력은 즉시성과 직접성이며, 이로 인해 사람들 사이의 약속 문화가 변화하고 있다. 예전에는 사람들과의 접촉 수단이 부족했기 때문에, 약속을 사전에 정하고 지키는 것에 큰 의미가 있었다. 그러나 현재는 단지 '연락하면 된다'는 인식만 있으면 충분하다. 시간과 장소는 그때그때 조율 가능하므로, 약속의 사전 확정 자체가 중요하지 않게 된 것이다. 다른 한편으로, 이동 전화는 사람을 느슨하게 만든다. 왜냐하면 언제라도 연락할 수 있다는 전제가 반드시 시간을 지켜야 한다는 부담감을 줄여 주기 때문이다. 아울러 이동 전화는 만남을 주선하고 조직하도록 도와주지만 반면에 만남을 쉽게 취소하는 풍토를 만들기도 한다. 결국, 오늘날의 약속은 정해진 시간에 실제로 만남이 이루어지기 전까지는, 임시적 약속으로 인식되는 경우가 많다.

나 자신이 곧 인간관계망의 중심이다

과거의 공동체 사회에서는 자신의 자리를 공동체가 대신해 주는 경우가 많으므로, 스스로가 주체가 되어 관계를 형성할 필요가 없는 경우가 많았다. 그러나 공동체로부터 분리되어 자율적인 삶을 살아가는 노마드 상황에서는 관계 형성의 책임이 개별 존재인 개인에게 온전히 전가된다. 즉 공동체 속에서 자연스럽게 관계를 형성하고 유지하던 방식이 아니라 개인이 중심 단위가 되어 스스로 관계를 형성해 나간다는 것이다. 이런 변화 속에서 개인은 자발적이고 적극적이며 능동적으로 자신을 표현해야 한다. 결국 인간관계는 개인이 형성한 관계망 차원에서 논의될 필요가 있다.

단기적 인간관계의 성행: '쉽게 만나고 쉽게 헤어진다'

유비쿼터스 시대에는 일종의 '치고 달리기'식 인간관계가 만연해지면서, 수많은 단기적 인간관계가 양산될 것으로 예상된다. 이런 인간관계의 특징은 개인 간의 헌신이 필요 없거나 강요되지도 요구되지도 않는 일회성의 단발적인, 약한 유대로 지탱된다는 것이라 할 수 있다. 물론 이는 과거처럼 깊은 유대감이나 끈끈한 결속력을 지닌 관계와는 거리가 있지만, 그보다 더 다양하고 부가 가치가 높은 관계 형성이 가능할 수도 있다. 이에 따라 개인들은 정보의 가치를 더욱 중시하게 되며, 이런 정보를 기반으로 관계를 연결해 주는 디지털 기술에 대한 의존과 집착이 심화될 가능성도 제기된다. 결국 관계의 양적 확대와 복잡성이 심화될수록, 쉽게 만나고 금방 헤어지는 수많은 단기적 관계가 성행할 것으로 예측된다. 그 결과 우리는 점점 인간관계에서의 감성적 만족을 갈망하게 되고, 궁극적으로는 보다 원초적이고 본질적인 인간관계를 다시 그리워하게 될지도 모른다.

참고문헌

김유정(2007). 『디지털 촌수 변화하는 인간관계』. 삼성경제연구소.

Ling, R.(2008). *New tech, new ties: How mobile communication is reshaping social cohesion.* MIT Press. 배진한 옮김(2009). 『모바일 미디어와 새로운 인간관계 네트워크의 출현』. 커뮤니케이션북스.

03

소셜 미디어 이해와 소셜 미디어로서의 SNS

SNS가 더 다양한 연령대와 계층으로 관계를 확장해 가면서, 자연스럽게 SNS를 통해 전달되는 정보의 양도 많아졌다. 미디어 이용을 1 대 1 접촉이 아닌 언제 어떤 장소에서, 어떤 미디어를, 누구와, 어떤 활동과 함께 이용하는가에 의미를 둔다면 적극적인 미디어 이용 행위는 이미 잘 알려진 대로 20 · 30세대에게서 가장 뚜렷하게 나타난다. 이들은 미디어를 단순히 수용하는 데서 그치지 않고 관계 형성의 매개로 삼아 적극적으로 활용하는 주체자의 역할을 수행하고 있다.

소셜 미디어에 대한 이해

소셜 미디어는 다양한 방식으로 개념화되고 있다. 일반적으로는 높은 접근성과 온라인상에서 확장 가능성을 지닌 출판 기술을 활용해, 사회적 상호 작용을 촉진하도록 설계된 미디어로 정의된다. 즉, 사회 구성원들이 자유롭게 참여하여 정보를 제공하거나 이를 교환함으로써 활발한 인적 교류를 형성해 나가는 환경을 뒷받침한다는 것이 일반적으로 소셜 미디어를 이해하는 방식이다.

소셜 미디어는 첨단 정보 통신과 디지털 멀티미디어 기술의 발전과 융합의 결과로서 새로운 사회 문화적 패러다임을 형성했다. 컴퓨터, 디지털 카메라, 사용이 간편한 편집 소프트웨어, 그리고 인터넷 서비스의 발달 등은 소셜 미디어 확산의 배경이 됐다. 즉, 누구라도 손쉽게 다룰 수 있도록 제작된 디지털 미디어는 사람들이 각자의 개성에 따라 콘텐츠를 생산하고 배포할 수 있는 환경을 조성했다. 그에 따라 소셜 미디어는 "웹 2.0을 바탕으로 하는 인터넷 기반 애플리케이션의 총체이며, 사용자 제작 콘텐츠(User Generated Content: UCC)를 만들고 이를 교환할 수 있도록 하거나 혹은 소비자에 의해 만들어진 미디어"로 규정되기도 한다(Kaplan & Haenlein, 2010).

특히 양방향 커뮤니케이션이 가능한 인터넷 기반의 매

체를 통해서 사람들은 자신과 타인의 생각을 자유로이 공유할 수 있게 됐다. 그로 인해 사회의 공적 영역과 사적 영역 사이의 경계가 많이 허물어졌고, 개인 단위의 미디어가 관심을 얻게 된 것 역시 소셜 미디어의 특징이다. 웹 1.0이 기술의 발전을 기반으로 한 정보 전달에 중점을 두었다면, 웹 2.0은 이용자들의 참여와 상호 교류, 그리고 정보 교환에 중점을 두기 때문에, 소셜 미디어상에서는 전문가나 기술자가 아닌 일반인도 콘텐츠의 유통을 주도할 수 있게 됐다(FKII 조사연구팀, 2008).

이처럼 소셜 미디어는 일반인이 주체가 될 수 있는 개방적이고 상호 소통적인 매체를 의미한다. 그렇지만 모든 미디어가 일정 부분은 소위 '소셜'한 측면이 있을 뿐만 아니라 소셜 미디어 역시 기존 컴퓨터 매개 커뮤니케이션(Computer Mediated Communication: CMC)의 여러 형태를 종합하고 있으므로 소셜 미디어 고유의 특징을 한마디로 규정하기는 어렵다. 예컨대, 페이스북이나 트위터는 이메일이나 휴대 전화의 문자 메시지와 같이 상대에게 직접 메시지를 전할 수 있는 시스템이다.

결국 소셜 미디어는 디지털 멀티미디어 기술에 힘입어 좀 더 활발한 콘텐츠의 생산과 커뮤니케이션을 가능케 하는 수단으로 인식된다. 그러나 이러한 기술적 이점 이외에도 소셜 미디어는 온라인상에서 운용되는 미디어로서 참여와 공개, 대화 커뮤니티, 그리고 연계성 등을 주요한 특징으로 갖는다(iCrossing, 2008). 참여의 측면에서 소셜 미디어는 이용자들에게 일정한 기여를 하거나 피드백을 제공하도록 권장하고 있으며 이러한 특성은 미디어와 수용자의 경계를 모호하게 만드는 효과를 가져왔다. 소셜 미디어 서비스는 누구라도 참여할 수 있고 피드백의 기회를 개방하며, 이용자들이 코멘트나 정보를 자유롭게 공유하도록 한다. 소셜 미디어에서는 커뮤니티를 신속하게 구성하고 효율적으로 운영할 수 있게 되어 있으며 커뮤니티 속에서 사진, 정치적 이슈, 혹은 즐겨 보는 TV 프로그램 정도 등을 다른 이용자들과 공유할 수 있다.

소셜 미디어의 사회성

소셜 미디어에서는 특정한 가치를 공동으로 창출하기 위해 미디어의 기술력과 다수의 사람에 의한 상호 작용이 융합된다. 집단 작업이나 대인 네트워킹을 기반으로 운영되는 소셜 미디어는, 단순한 의사소통의 매개체로서 편의성을 제공하는 기존 미디어 개념을 확장하여, 스스로 생명력을 지닌 채 움직이고 성장하는 매체로 기능하고 있다.

무엇보다 소셜 미디어의 확산은 그동안 미디어 기업들

의 고유 영역에 속했던 정보의 생산과 유통, 분배가 사회 구성원으로서의 개인에게로 상당 부분 넘어왔음을 의미한다. 즉, 소셜 미디어 활용으로 인해 누구나 정보의 생산자가 될 수 있고 이를 전파할 수 있으며, 특정 주제를 중심으로 자유롭게 소통할 수 있게 됐을 뿐만 아니라 사회 구성원들의 자발적 참여와 실시간 피드백이 활성화됐다. 일방적인 의사소통 방식보다는 대중 스스로 사회적 대화를 유도하여 지식과 정보의 민주화를 뒷받침했고 사람들을 수동적 콘텐츠 소비자에서 적극적 주체로 전환하는 데 기여한 셈이다. 더불어 소셜 미디어는 그 안에서 하나의 커뮤니티를 형성하여 인맥을 확장하거나 다른 사람들과의 교류, 정보의 생산 · 유통을 용이하게 할 수 있도록 지원한다. 이로써 소셜 미디어는 온라인상에서도 사회성을 온전히 실현할 가능성을 높였다. 소셜 미디어가 급속히 확산된 이유는 단순히 놀라운 과학 기술의 편리함 때문이 아니라, 인간의 본성과 밀접하게 닿아 있는 미디어로서, 인간다움을 실현할 수 있는 구조를 제공했기 때문이다. 다른 사람들과 생각을 공유하고, 의견을 교환하며, 열정적인 토론을 하고, 친구나 동료, 연인으로 발전할 수 있는 관계를 형성하는 것 등, 소셜 미디어가 제공하는 다양한 기회는 그동안 인류 문명을 통해 꾸준히 추구되어 온 가치라고 할 수 있다.

소셜 미디어의 사회성은 사람들 간의 정보 소통, 인간 관계 형성, 사회적 경험 등 총체적인 개념으로 이해될 수 있다. 기존의 미디어 환경과는 달리 정보 소통 과정에 사회 구성원들이 참여하고, 사회적 관계를 형성·유지하며, 다양한 형태의 상호 작용이 이루어진다는 점에서 소셜 미디어는 본질적으로 사회적 성격을 지닌 매체라 할 수 있다.

소셜 미디어로서의 SNS

SNS 출현 배경

소셜 미디어란 사람들의 의견, 생각, 경험, 관점 등을 공유하기 위해 사용하는 온라인 툴과 플랫폼을 총칭하는 개념이다. 따라서 소셜 미디어는 공유, 개방, 참여를 지향하는 웹 2.0 시대에 걸맞은 미디어로 간주된다. 일반적으로 소셜 미디어는 텍스트, 오디오, 비디오 등의 다양한 형식을 포함하며, 블로그나 소셜 네트워크가 대표적인 예로 꼽힌다. 소셜 미디어라는 포괄적 개념 속에서 전파와 연결이 강조되는 형태가 바로 SNS이다. 인터넷을 매개로 타인에게 자신의 메시지를 전달하고 관계를 형성한다는 점에서

SNS는 CMC 영역에 포함된다. 또한 이메일, 게시판 등의 기능을 활용하거나 접목한다는 점에서 사이버 커뮤니티의 일환인 카페, 블로그, 미니홈피 등과 함께 CMC의 확장되고 진화된 서비스라고 할 수 있다.

CMC는 물리적 제약을 초월하여 시공간의 구애를 받지 않으면서도, 개인 혹은 조직이 자신을 표현하고 타인과 관계를 형성할 수 있는 공간적 기회를 제공한다. 그 공간에서 기술적 지원에 힘입어 사적 프로필을 작성하고 이를 통해 친구를 확인하며 언어, 문화, 국가를 초월하여 유사한 관심을 가진 사람들과 연결하는 것이 가능하다. 그러므로 SNS는 커뮤니티의 연장된 서비스이며 그중에서 특히 사회적 관계 맺기가 강조된 서비스라고 할 수 있다.

예로부터 사람은 '사회적 동물'로 불려 왔다. 이 표현은 사람은 언제나 누군가와 소통하고 관계 맺기를 원한다는 의미를 함축하고 있다. 관계 맺기는 인간의 일상적인 삶 속에서 본질적인 요소이며, 이로 인해 사람들은 관계 형성을 위한 물리적 연결고리를 지속적으로 탐색해 왔다. 사람은 커뮤니케이션 동물이므로 자신이 누구인지, 무슨 생각을 하고 있는지, 어떤 의견을 가졌는지를 상대방에게 전달하고 교류하고 소통하고자 한다. 이러한 욕구를 충족하기 위한 노력으로 다양한 미디어를 개발하여 이용해 왔지만, 물리적 요인으로 인해 완전한 충족에는 한계가 있었다. 그러한 한계를 극복한 것이 CMC이며 이를 더욱 확장하여 소통과 관계 맺기의 기능을 강화한 매체가 SNS다.

SNS의 개념 정의

소셜 미디어는 하나의 특정한 미디어를 지칭하는 것이 아니라 그 특성을 공유하는 다양한 종류의 미디어를 포괄하는 개념이다. 소셜 미디어 가운데서도 최근 이용자들이 급속히 늘고 있으며 특히 인간관계와 대인 커뮤니케이션에 미치는 영향도 비교적 큰 것이 SNS다.

SNS란 개인이 공적인 신상 정보를 만들거나, 자신과 연결된 타인의 목록을 분류하며, 다른 이용자의 인맥 리스트까지 열람할 수 있도록 설계된 웹 기반의 서비스다. 이를 통해 공통의 관심사와 활동을 공유함으로써 사회적 관계를 구축할 수 있다. SNS는 웹상에서의 인맥을 구조화하고 이를 공개하는 데 초점이 맞춰져 있어, 결국 대인 관계를 보다 효율적으로 운영하기 위한 목적에서 출발한 것이라 할 수 있다.

SNS는 친구나 지인과 교류할 수 있는 연결망, 개인의 사적 정보를 수록할 수 있는 공간을 제공한다는 점에서 오프라인에서 성행하는 관계 맺기를 온라인으로 끌어온 인맥 형성 서비스로 불린다. 대다수 SNS는 온라인에서 관계를 형성하고 발전시킬 수 있도록 기능이 설계되어 있으며, 페이스북이나 트위터처럼 유사한 관심을 가진 사람들 간의 만남과, 자신의 견해를 밝히는 공간을 제공하는 서비스도 SNS의 범주에 속한다.

SNS에 대한 개념은 결국 소셜 미디어의 정의로부터 파생된다. 자기 생각과 의견, 경험, 관점을 공유하고 참여하기 위해 사용하는 온라인 서비스, 미디어 플랫폼을 소셜 미디어로 정의할 수 있다. 소셜 미디어는 포괄적 개념이며, 이 가운데 정보 공유와 사회적 상호 작용을 실현하도록 설계된 플랫폼이 바로 SNS다. 대표적으로 트위터, 페이스북, 유튜브 등이 이에 해당한다.

이렇듯, SNS는 자기 노출을 통한 관계 맺기를 지원하며, 타인과의 사회적 연결을 기반으로 작동하는 서비스 혹은 시스템으로 이해할 수 있다. 유튜브와 페이스북에는 이용자가 자기를 노출할 수 있는 공간이 마련되어 있으며, 이를 통해 타인과의 관계 맺기가 가능하다. 유튜브는 동영상을 중심으로, 페이스북은 프로필과 게시물을 통해 개인 정보를 드러내면서 자기 노출이 가능하다. 노출 방식은 상이하지만, 이용자가 자신에 관한 정보나 메시지를 타인에게 보여 주고자 하는 기본 의도는 동일하다. 그러나 유튜브의 관계 맺기 대상은 일반 인터넷 이용자가 대상이 되지만 페이스북은 친구로 허용된 이용자로 제한된다. 이처럼 자기 노출이나 관계 맺기의 방식이 다양한 만큼 SNS마다 자기 노출 및 관계 형성 방식에는 차이가 존재한다. 그러나 궁극적으로는 자기표현 욕구를 실현하고, 이를 공유할 수 있는 '관계 대상'을 설정하거나 찾는 기능은 공통적이라 할 수 있다. 이와 같은 특성이 가능한 서비스를 SNS로 정의할 수 있으며, SNS의 핵심 매력은 바로 친구나 지인과 직접 메시지를 교환하며, 상호 연결을 통해 지속적인 교류를 이어 갈 수 있다는 점에 있다.

또한 SNS는 인터넷 기반의 사회적 관계 형성 커뮤니티이자, 이용자 중심으로 수평적으로 확장되는 네트워크이기도 하다. 개인은 자신의 정보를 타인과 공유하고 반대로 타인이 생성한 정보를 소비하거나 재공유함으로써 자연스럽게 상호 관계를 구축하게 된다. 이로 인해 SNS는 '사회적 정보'가 생성되고 유통되는 온라인상의 공공장소 역할을 수행한다. 공공장소는 일상 속에서 가볍지만 의미 있는 만남이 이뤄지는 공간이다. 이용자는 SNS에 참여함으로써 동질감을 느끼거나 정체성을 확인할 수 있다. 참여자 개인으로 보면 '나'지만 이를 확대하여 전체로 보면 '우리'가 된다. 개인의 관심뿐만 아니라 소속 집단이나 조직의 관심 또한 SNS 참여에 반영되기 때문에, SNS는 개인 정체성뿐 아니라 집단 정체성과도 깊은 관련이 있다.

SNS와 인간관계

SNS는 기술적 구조는 물론, 그 안에서 유통되는 콘텐츠의 내용 면에서도 다양한 양상을 보인다. 그러나 SNS에서는 자신의 인맥을 친구나 추종자로 간주하고 자신의 인간관계를 재구성하는 기반을 구축할 수 있다. 이런 점에서 SNS는 웹상에서 한 개인이 사회적 관계를 유지해 가는 또 다른 인격체적 공간이라고 볼 수 있다. 더구나 기존의 온라인 커뮤니티와 달리 SNS는 개인 단위의 계정을 중심으로 이뤄지며 자신의 생각, 관심사, 활동 등을 타인과 공유할 수 있는 자기중심의 플랫폼이다.

SNS의 신상 명세 항목은 개인의 사진은 물론, 자신에 대한 각종 정보를 담는 곳이다. 일반적으로 SNS 이용자들은 자신의 모습을 공개할 뿐만 아니라, 인맥까지 함께 드러냄으로써 자신이 어떤 사람들과 관계를 맺고 있는지를 보여 주며, 궁극적으로 자신의 정체성을 표현한다. 즉, SNS는 자신과 타자와의 관계를 스스로 규정함으로써 또 다른 자아를 구성할 수 있는 공간이다. 따라서 SNS의 신상 명세는 자신의 인상을 형성하고, 자신을 노출하며, 인맥을 유지하는 바탕이 된다. 중요한 점은, 실제 자아와 SNS상에서 구성된 자아가 항상 일치한다고 보기 어렵다는 것이다. 자아의 관점에서 보면, 기술적 제약이나 사회적 맥락에 따라 SNS 내에서 이용자들의 구체적인 표현 방식은 달라질 수 있다. 관계의 측면에서도, SNS에서 맺는 친구는 오프라인에서의 친구와 동일한 개념이라 보기 어렵다. 이들은 이용자의 행위적 규범을 제시할 수 있는 맥락을 제공한다고 할 수 있다. 예를 들어, 이용자 계정에 나타나는 친구들의 매력도가 그 이용자에 대한 타인의 인식에 영향을 미친다는 연구 결과도 존재한다. 엘리슨 등(Ellison et al., 2007)은 대표적인 SNS인 페이스북 이용자들이 새로운 만남을 갖기보다는 기존의 오프라인 관계를 유지하거나 그 관계를 더 돈독히 하는 데 이 플랫폼을 이용한다는 것을 확인했다.

SNS는 마치 오프라인에서 사교 활동을 하는 것처럼 네트워크 체계가 갖춰진 공공적 커뮤니티 공간이다. 비록 SNS들이 인간관계를 추구하는 점에서 유사한 형태를 갖추었다 하더라도 SNS는 웹상에서 이루어지는 서비스이며, 그에 따라 매체 환경의 영향을 받는다. 따라서 매체에 대한 인식을 비롯해 매체와 관련된 개인의 특성이 불가피하게 SNS상의 상호 작용을 조정할 수 있을 것으로 예상된다. 예컨대 개인이 SNS상에서 느끼는 사회적 실재감이라든지 매체 사용 능력에 대한 효능감 인식 등은 SNS에서의 인간관계에 또 다른 영향을 미칠 수 있다. SNS는 개인의 오프라인 세계를 온라인으로 확장했으며, 그 안에서 고유한 정체성을 유지하고, 다른 사람들과의 상호 작용과 인간관계를 지속적으로 이어 갈 수 있는 플랫폼으로 기능하고 있다.

참고문헌

FKII 조사연구팀(2008). 소셜 미디어란 무엇인가?. 『LG 주간경제 산업정보』, 52-55쪽.

Ellison, N. B., Steinfield, C., & Lampe, C.(2007). The benefits of Facebook "friends": Social capital and college students use of online social network sites. *Journal of Computer-Mediated Communication, 12*(4), pp.1143-1168.

Hogan, B. & Quan-Haase, A.(2010). Persistence and change in social media. *Bulletin of Science, Technology & Society, 30*(5), pp.309-315.

iCrossing(2008). What is Social Media?, http://icrossing.com

Kaplan, A. M. & Haenlein, M.(2010). Users of the world, unite! The challenge and opportunities of social media. *Business Horizons, 53*, pp.59-68.

04

소셜 네트워크 서비스의 의미와 활용

인터넷 이용은 정보나 오락을 위한 도구에서 벗어나, 참여 기반의 상호 작용에 더 큰 의미를 두는 방향으로 변화하고 있다. 사람들은 막연한 검색 행위에서 벗어나 자신의 존재를 알리고 직접 참여하며, 사람들과 관계를 맺으려는 적극적인 방식으로 인터넷을 이용하고 있다. 이에 따라 공통의 관심사나 동질성을 가진 이들을 연결해 주는 서비스들이 인터넷에서 주목받고 있다. 특히 사람들과 연결하여 관계 맺기를 하거나 관계를 관리해 주는 소셜 네트워크 서비스가 큰 관심을 끌고 있다.

소셜 네트워크 서비스의 출현과 의미

인터넷이 관계 형성의 장으로 자리매김함에 따라, 인터넷 이용은 정보나 오락을 위한 목적을 넘어, 이용자 스스로를 드러내고, 직접 참여하여 타인과 상호 작용하는 방식으로 변화하고 있다. 언어, 문화, 국적의 경계를 넘어 공통의 관심사를 가진 사람들과 연결되어 관계를 형성하거나, 관계를 유지·관리할 수 있도록 지원하는 소셜 네트워크 서비스가 크게 관심을 끌고 있다.

전 세계 인터넷 이용자 중 페이스북은 가장 높은 이용률을 기록하고 있으며, 국내에서는 페이스북, 인스타그램, 트위터 등이 대표적인 고인지도 SNS로 꼽히며 이용률 또한 높은 편이다. 이들 서비스는 국내외적으로 웹을 기반으로 형성되어 정보 공유와 인맥 형성의 공간으로 활용되고 있다. 인터넷이 본질적으로 네트워크 연결에 기반한 매체라는 점에서, 상호 연결성을 핵심으로 삼는 SNS는 진정한 의미의 '네트워킹'을 구현하고 있다고 볼 수 있다.

SNS 이용 목적

2021년 기준, 세계에서 가장 많이 사용하는 소셜 미디어는 페이스북, 유튜브, 왓츠앱, 페이스북 메신저, 인스타그램 순으로 나타났다. 닐슨코리안클릭의 자료에 따르면,

2021년 4월 기준 국내 소셜 미디어별 순 방문자 수는 유튜브가 압도적으로 높았고, 그 뒤를 이어 네이버 밴드, 인스타그램, 페이스북 순으로 높은 수치를 기록했다.

이처럼 SNS 이용이 급부상하자 사람들이 왜 SNS를 이용하는지에 대한 이해가 중요해졌다. SNS는 개인의 정체성을 바탕으로 이용자 간에 수평적으로 뻗어 나가는 네트워크로, 이용자의 자기 노출, 관계 맺기 등의 욕구를 충족해 줄 수 있는 공간이다. 그러면서 SNS는 친구 맺기로 생성된 사회관계망을 통해 사람들을 연결해 준다. 그러므로 SNS의 이용 동기나 목적에는 이러한 SNS 기능이 반영되어 있다. 이는 SNS에 대한 이용 동기를 묻는 여러 조사를 통해 확인할 수 있다. 조인슨(Joinson, 2008)은 SNS 이용 동기로 사회적 연결, 개인 정보와 콘텐츠 공유, 사회적 조사, 네트워크 검색, 지위 업그레이드를 제시했다. 브란체그와 하임(Brandtzaeg & Heim, 2009)은 이용 동기로 새로운 사람들과의 교류, 친구와 연락하기, 사회화를 들었다. 심홍진과 황유선(2010)은 트위터의 이용 동기를, 정보 교환을 통한 사회 이슈 참여, 상호 작용을 바탕으로 팔로워 그룹 형성, 편리한 소통 가능, 정보 전달의 용이성, 휴식 및 오락, 사적 기록 공간, 글쓰기 유용성으로 정리했다. 또한 오랜 친구들과 연락하기 위해, 사회에서 사귄 사람들의 프로필을 검색하기 위해, 기숙사에 살고 있는 사람들에 관한 정보를 얻기 위해, 수업을 같이 듣는 사람들에 대한 정보를 얻기 위해, 학교 행사나 이벤트를 검색하기 위해, 페이스북을 통해 알게 된 사람들과 교제하기 위해, 데이트할 사람을 찾기 위해, 연애 상대를 구하기 위해 페이스북을 이용하는 경향이 있는 것으로 파악했다.

이런 논의를 종합하면 SNS 이용 목적은 오락이라는 전통적인 미디어 사용 동기 외에도, 정보 획득, 사회적 상호작용(교류), 개인 정체성 확인과 같은 SNS 특성이 반영된 동기 요인이 포함되어 있다. 이를 통해 SNS 이용자는 자신의 사회관계 형성 및 친구 맺기, 자기 노출, 친구와 지인에 대한 정보 검색 욕구를 충족하기 위해 SNS를 이용한다는 것을 알 수 있다. 결국 소셜 네트워킹 사이트에 가입하는 동기는 다양하고 복합적인데, 크게 이성적 동기와 비이성적 동기로 구분할 수 있다.

SNS의 속성에 따른 기능

관계 맺기

관계 맺기는 커뮤니케이션을 통해 개인과 개인이 상호 호응하며 지식을 공유하고, 역동적인 상호 작용을 수행하는 과정이다. 이처럼 관계 맺기는 단순히 물리적으로 누군가와 연결된 상태가 아니라 의견, 생각, 감정 등을 공유하는 연결을 뜻한다. 이러한 연결이 SNS를 통해 더욱 강조되고 있다.

전통적으로 인간은 한정된 공간과 시간 속에서 상대방과의 직접적인 만남을 통해 관계를 형성하고 유지했다. 그러다 전화나 컴퓨터 등 사람과의 연결을 대체할 수 있는 미디어가 출현하자 물리적 접촉 없이도 상호 교류가 가능해져 관계 형성이 비대면으로도 이뤄졌다. 특히 인터넷의 등장으로 온라인상에서의 상호 간의 접촉이 많아지면서 온라인상에서의 관계 맺기가 쉬워졌다. 이미 사이버 커뮤니티 이용자들 간에 적극적이고 밀착된 관계 맺기가 행해졌듯이, SNS를 통한 관계 맺기 또한 자연스러운 일이다.

SNS에서 관계 맺기의 기본 단위인 친구는 일반적인 친구 개념과 유사하기도 하지만 다소 다른 면도 있다. 현실 세계에서의 친구는 자주 만나고, 함께 시간을 보내며, 감정을 공유하고, 지연이나 학연, 취미 등 공통 기반을 통해 친밀감을 쌓아 가는 관계를 말한다. SNS에서는 이용자가 초대하거나 스스로 찾아와 초대 수락을 통해 친구가 된다. 현실 세계의 친구 개념에 따르면 친구라고 인정하고 지칭할 수 있는 대상은 한정적일 수밖에 없다. 그러나

SNS에서는 물리적인 친구의 요건은 크게 중요하지 않다. '친구로 설정하시겠습니까?'라는 질문에 '예'를 선택하면 친구로 맺어지며 그 대상과 수에는 제한이 없다. 예컨대, 페이스북의 경우 이론적으로 전 세계 모든 이용자가 친구가 될 수 있으며, 친구 수는 최소 6억 명에 이를 수 있다. 친분이 어느 정도인가는 중요하지 않고 얼마나 많은 친구를 가졌는지가 더 중요시되기도 한다. 그래서 인맥 관리의 의미가 두드러지며 트위터의 팔로워 수, 페이스북에서는 친구 수가 중요하다.

SNS에서 관계 맺기의 특성은 첫째, 관계의 결속력이 느슨하다. 트위터처럼 단순히 메시지를 공유하고 전파하는 과정에서 생겨나는 관계에 불과해 교류와 공유를 하고 있지만 친밀감은 확신할 수 없는 관계일 수 있다.

둘째, SNS에서는 사회적이고 공개적인 관계 맺기에 치중한다. SNS 이용자는 유사한 취향이나 재미있고 유익한 정보를 가진 사람들과 공개적으로 상호 교류하는 관계 맺기를 한다. 그렇다 보니 어떤 경우는 선택한 친구 수가 지나치게 많아 직접적인 교류가 불가능할 경우, 이는 친목 위주의 유지 관계로 이어질 수 있다.

셋째, SNS에서는 이용자 중심으로 관계가 형성되고 유지되므로 관계 형성의 허브는 자연히 이용자 본인이 된다. 그래서 내가 중심이 된, 내가 주도하는, 내가 만들어 가는, 내 스스로가 참여해 만드는 관계 맺기가 가능하다(정재기, 2007).

넷째, SNS에서의 관계 맺기는 인터넷에서 개인의 정체성을 바탕으로 하여 특정 이용자로부터 수평적으로 확장되는 네트워크 구조를 가진다.

자아 표현의 장

어떤 관계 형성에서도 타인과 원활히 교류하기 위해서는 자기표현이 반드시 전제되어야 한다. 왜냐하면 누군가와 상호 교류하기 위해서는 상대방이 나를 알아야 하고 그러기 위해서는 나의 정체성에 관한 정보를 전달해야 하기 때문이다. 이처럼 자신의 인상이나 정보를 타인에게 알려주는 과정을 자기 노출 또는 자기표현이라고 한다. 따라서 자기표현은 언어적, 비언어적 표현으로 자기 모습이나 자신의 정체성을 타인에게 의도적으로 전달하는 것이다. '나는 표현한다. 고로 존재한다'라고 할 수 있을 만큼 사람은 가능한 방식과 범위 내에서 끊임없이 자기 노출을 시도한다. 페이스북의 프로필이나 트위터의 제한된 글자 내에서도 이용자의 개인 정보나 성향 등이 표현되고 노출된다.

SNS에서의 자기 노출은 이용자 자신이 부여하며 자신이 어떤 사람이 되고 싶은지 어떤 사람으로 알려지고 싶은지를 스스로 판단하고 자체적으로 통제한다. SNS에서 제공하는 자신에 관한 어떤 정보, 예컨대 일기 형식의 게시물, 개인 사진과 동영상, 정치적 소견, 취미나 관심사에 관한 정보를 통해 스스로 보여 주고 싶은 자아를 설정하고 이미지 관리에 적극적으로 개입할 수 있다.

또한 사회적 교류가 목적인 SNS에서의 자기 노출은 집단적 혹은 사회적 의미가 있다. SNS는 '나'와 '우리'의 개념을 동시에 내포하고 있다. 이용자는 개인이면서도 다른 이용자들과의 연결을 통해 하나의 집단으로 기능하며, 개인 단위로 보면 '나'이지만, 이들이 형성한 전체를 보면 '우리'가 되는 구조를 갖는다. 그러므로 SNS에는 각 개인의 성향이나 관심이 반영되어 있을 뿐만 아니라 집합적으로는 집단의 성향이나 관심이 반영될 수 있다. 결국 SNS에서 한 개인의 정체성 확인은 그와 관련된 집단의 정체성과도 관련된다. 왜냐하면 SNS는 개인들의 모임이기도 하지만 특정 분야에 관심을 공유하는 사람들의 모임이기도 하기 때문이다.

참고문헌

심홍진 · 황유선(2010). 마이크로블로깅(micro-blogging) 이용 동기에 관한 연구: 트위터를 중심으로. ≪한국방송학보≫, 24(2), 192-232쪽.

정재기(2007). 인터넷과 사회적 관계의 변화: 배태와 접합. 이재열 · 안정옥 · 송호근 편. 『네트워크 사회의 구조와 쟁점』. 서울대학교 출판부.

Brandtzaeg, P. B. & Heim, J.(2009). Why people use social networking sites. *Lectures Notes in Computer Science*, 5621, pp.143-152.

Joinson, A. N.(2008). Looking at, looking up or keeping up with people?: Motives and use of Facebook. In *Proceedings of the SIGCHI conference on Human Factors in Computing Systems*(pp.1027-1036). ACM.

Lampe, C., Ellison, N., & Steinfield, C.(2006). A Face(book) in the crowd: Social searching vs. social browsing. Proceedings of the 2006 20th anniversary conference on Computer supported cooperative work, pp.167-170.

05

소셜 네트워크 서비스의 수용자

SNS 수용자들은 모든 신기술 수용의 단계와 마찬가지로 10대에서 30대 사이의 연령층이 중심을 이룬다. 이들은 정보 탐색, 자아실현, 자기표현, 관계 맺기 등의 이유로 SNS를 활용한다. SNS 안에서 자기표현과 소통을 확대해 일상의 이야기, 즉 스몰토크가 증가했고, 페북 친구 등과 같이 기존 친구 개념과는 다른 의미의 친구 관계가 형성되기도 한다. SNS의 확산과 함께 디지털 군중, 집단 지성, 그리고 유력자와 추종자 관계와 같은 새로운 수용자 유형도 등장하고 있다.

소셜 네트워크 제너레이션의 출현

2011년 10월 우리 사회 스마트폰 보급 대수가 2000만 대를 넘어섰고, 2018년에 5000만 대를 넘어서 1인 1 스마트폰 시대를 열었다. 이는 2009년 아이폰이 국내에 들어온 지 2년 만의 일이고, 우리나라만큼 빠른 속도로 가입자가 늘어난 예는 세계 어디에도 없다고 한다. 스마트폰 가입의 확대는 SNS를 이용하는 사람들을 그만큼 빠르게 늘려 갔다. 이는 단순히 인터넷 환경만으로는 불가능한 일이었다. 우리나라뿐 아니라 SNS는 점점 세상을 바꾸는 힘, 그 중심으로 나아가고 있다.

2011년 1월 튀니지에서 시작한 재스민 혁명은 식량 가격 급등과 높은 실업률 등 구조적인 문제를 배경으로, 24년간 집권해 온 벤 알리 정권을 붕괴시켰다. 그러나 이 혁명이 급속도로 확산한 데는 페이스북과 같은 소셜 미디어, 리얼 타임 웹의 영향이 결정적으로 작용했으며, 이로 인해 '페이스북 혁명' 또는 'SNS 혁명'으로 불린다(CNN, 2011). 튀니지의 활동가들은 정부의 폐쇄 조치로 홈페이지를 활용할 수가 없게 되자 '검열 없는 자유 404(Free form 404)'라는 슬로건 아래 시위 영상을 모아 유튜브에 올렸고, 유튜브가 차단되자 다시 페이스북과 트위터를 이용, 시위를 조직화하고 이 소식을 전 세계 SNS 이용자들에게 전했다.

"혁명 과정에서 튀니지 독재 정권의 붕괴 과정은 방송되지 않았고, 단지 트윗됐다"(김유향 · 조희정, 2011)는 말은 SNS의 위력을 그대로 보여 준다.

이제 정치는 물론 각종 사회 문제, 일상의 모든 일에 대해 SNS를 통해 영향력을 발휘하는 새로운 세대가 등장하고 있다. 이처럼 소셜 미디어를 통해 관계를 누리려는 새로운 세대를 가리켜 SNG, 즉, 소셜 네트워크 제너레이션(Social Network Generation)이라고도 한다(SK M&C, 2011).

SNS 수용자 유형

커뮤니케이션과 관계라는 측면에서 본다면, 정도의 차이는 있지만 모든 미디어는 이용자들에게 대화를 매개로 관계를 형성하도록 유도한다는 점에서 본질적으로 '소셜'할 수밖에 없다(임영호 · 김은미, 2011). 소셜 네트워크는 소셜 미디어 없이는 성립될 수 없는 개념이다. 여기서 말하는 소셜 미디어란 사람들이 자신의 생각과 의견, 경험, 관점 등을 공유하고 참여하기 위해 사용하는 온라인 툴과 미디어 플랫폼을 말한다. 인터넷 발달 단계 중 웹 2.0의 특성인 '참여'와 '공개', '공유'의 기술적 속성이 구현되면서, 정보가 급속도로 퍼져 나갈 수 있게 됐고, 그 결과 소셜 네트워크가 본격적으로 형성될 수 있었다.

그러나 PC나 휴대 전화 등 최근 소셜 네트워크를 활성화하는 주요 매체들은 처음 등장할 당시 매스 미디어와는 달리 '개인 간의 소통'을 위한 도구였다. 이 개인 미디어들 안에서 관계가 거미줄처럼 얽히면서 역설적으로 소셜 커뮤니케이션이 폭발적으로 증가한 것은 대단히 흥미로운 현상이다. 이용자들 간의 상호 작용은 소셜 미디어에서의 핵심 요소이며, 이용자들은 이 소셜 미디어 속에서 지속적인 관계를 맺고, 끊임없이 자신의 소통 범주를 확장한다(이원태, 2010).

소셜 미디어가 지닌 참여, 공개, 대화, 커뮤니티, 연결이라는 다섯 가지 특성을 바탕으로 보면, SNS 수용자들이 이 특성을 어떻게 활용하느냐에 따라 다양한 유형으로 분류될 수 있다. 『그라운드 스웰(Groundswell)』이란 책에서 SNS 수용자의 유형을 사다리 모델(Social technographics ladder)로 구분한 리와 버노프(Li & Bernoff, 2008)는 소셜 미디어에 참여하는 정도에 따라 〈그림 5-1〉처럼 6단계 수용자 유형을 제시했다.

리와 버노프의 설명에 따르면 '창작자형'은 한 달에 한 번 이상 블로그나 기타 온라인 플랫폼에 글을 올리며 웹페이지를 관리하는 사람을 가리킨다. '비평가형'은 타인의

그림 5-1 소셜 미디어 이용자 구분

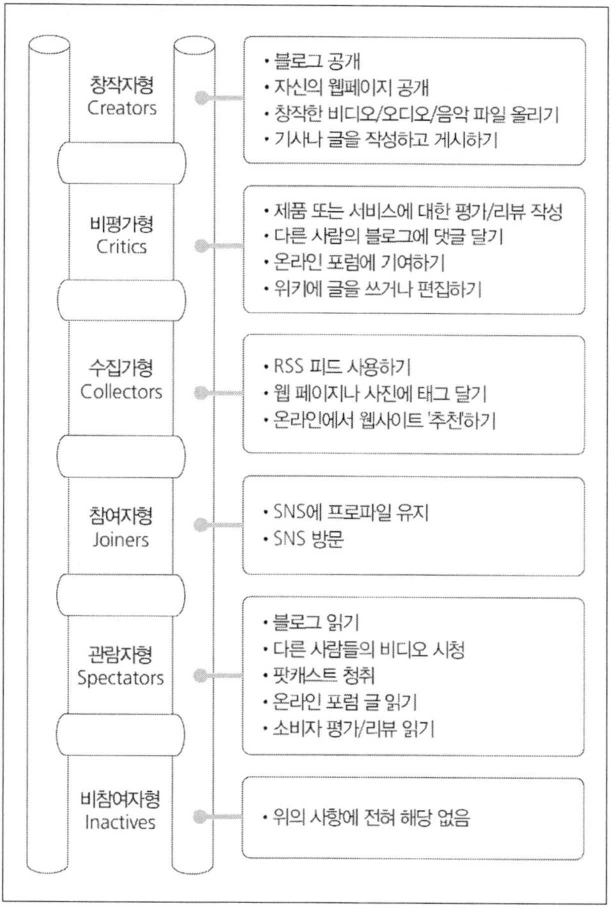

출처: Li, C. & Bernoff, J.(2008).

콘텐츠에 반응하는 사람으로, 블로그나 온라인에 댓글을 남기고 평점을 매기거나 후기를 남기는 사람을 가리킨다. 정보를 수집하고 모음으로써 창작자나 비평가들이 생산한 콘텐츠를 정리하는 사람은 '수집가형'에 해당하고, 마이스페이스닷컴이나 싸이월드 등과 같은 소셜 네트워킹 사이트에 가입해 활동하는 사람들은 '참여자형', 위의 네 그룹이 생산해 내는 콘텐츠를 소비하는 유형으로 가장 비중이 높은 사람들은 '관람자형', 그 어떤 것에도 속하지 않는 사람들은 '비참여형'이다.

SNS 이용 동기

사람들은 왜 블로그를 운영하고, 트위터나 페이스북을 이용하는 것일까, 싸이월드를 하던 수많은 사람은 왜 트위터나 페이스북으로 옮겨 갔을까, 트위터나 페이스북을 이용하는 이유가 동일한가, 아니면 다수의 사람이 사용하는 이들 플랫폼을 이용하지 않는 이유는 무엇인가. 이처럼 SNS를 이용하는 수용자들의 이용 동기나 채택 요인에 관한 관심은 뉴미디어가 등장할 때마다 연구자들의 주요한 관심사 중 하나였다.

그동안 새로운 미디어 채택에 영향을 주는 요인에 관한 연구 가운데 가장 대표적인 이론은 에버렛 로저스(Everett

Rogers)가 1962년에 제안한 혁신 확산 이론(Innovation Diffusion Theory)이다. 최근에는 기술 수용과 관련된 기술 수용 모델(Technology Acceptance Model: TAM)을 많은 학자가 채택해 왔다. 그 밖에 변화에 대한 저항의 태도를 보이는 소비자를 언급한 잘트만과 왈렌도르프(Zaltman & Wallendorf, 1983)의 연구나 람(Ram, 1987)의 혁신 저항 모델(Model of Innovation Resistance) 또한 뉴미디어의 채택과 비채택을 설명하는 데 많은 시사점을 제공했다.

앞서 2011년의 SK M&C의 보고서는 사람들이 기존의 인터넷과 SNS를 어떻게 구분해서 사용하는지를 잘 보여준다. 보고서에 따르면, 인터넷은 상품 정보나 최근 사회 이슈 등 '다른 사람들로부터 정보를 얻고 싶을 때' 주로 이용하는 반면, SNS는 새 친구를 사귀거나 자신의 의견을 알리고자 할 때 등 '내가 다른 사람들에게 다가가거나, 말을 걸고 싶을 때' 이용한다. 보고서는 SNS란 좀 더 적극적으로 관계를 확장할 수 있는 '멍석'을 인터넷이라는 마당 위에 깔아 놓은 셈이라는 설명한다.

특별히 트위터나 페이스북을 이용하는 사람들 간에도 차이가 있었다. 트위터 이용자는 전문가의 의견 듣기, 개인적 의견 개진 등 공적 관계 맺기의 경향이 두드러지며,

페이스북 이용자는 모르는 사람들과 친해지고, 일상을 나누는 등 사적 관계 맺기에 더 큰 비중을 두는 경향이 있다. 이처럼 인터넷, 블로그, 트위터, 페이스북 등 다양한 SNS 플랫폼을 사람들이 이용하게 되는 근본적인 이유는, 정보 추구나 정보 공유, 자기표현 혹은 자아 추구, 커뮤니티 활동 등 공통된 동기 구조에 기반하고 있다는 점에서 크게 다르지 않다. 다시 말해, 어떤 플랫폼을 선택하느냐는 문제는 있어도, SNS를 이용하는 구체적인 목적은 크게 다르지 않다는 것이다. 다만 사회 전체 차원에서 이러한 플랫폼을 새로운 기술 혹은 뉴미디어로 받아들일지 여부는, 앞서 언급한 혁신 확산 이론이나 기술 수용 모델, 혹은 혁신 저항 모델의 틀을 통해 보다 정밀하게 분석할 필요가 있다.

이러한 분석 틀을 바탕으로, 박종구(2010)는 트위터와 페이스북을 대상으로 뉴미디어 채택에 관한 통합 모델의 연구 가설을 적용했다. 그의 연구에 따르면, 트위터나 페이스북 이용 의사 결정에는 새로움을 추구하는 소비자의 혁신 성향, 주관적 규범이나 사회적 이미지를 고려한 사회적 영향, 적합성과 관찰 가능성으로 설명되는 인지된 혁신 특성, 그 밖에 혁신 저항 요인이 작용한다.

더 자세히 들여다보면, 첫째, 소비자의 혁신 성향은 말

그대로 새로운 것을 선호하는 성향을 의미하며, 새로운 미디어를 남들보다 먼저 경험해 보고자 하거나, 관련 정보를 스스로 찾아보는 데 적극적인 이들에게서 자주 나타나는 특징이다. 이러한 성향은 소위 '얼리 어답터'적 기질을 가진 사람들에게서 뚜렷하게 드러난다.

두 번째, 사회적 영향 요인은 두 가지 층위에서 작동하는데, 하나는 수용자의 주관적 규범에 따른 것이다. 예를 들어, 가까운 지인들이 트위터나 페이스북을 긍정적으로 평가하거나, 이들의 사용을 권유하거나, 이용하지 않으면 시대에 뒤처졌다고 느끼게 하는 분위기가 형성되어 있을 경우, 개인의 이용 의사에 실질적인 영향을 미친다. 다른 하나는 사회적 이미지와 관련된 것이다. 이는 특히 트위터에서 더 강하게 작동한다. 박종구의 연구에 따르면, 트위터 이용자들은 의사소통 능력이 뛰어나거나, 시대를 선도하는 인물로 인식되는 경향이 있으며, 이 같은 이미지가 트위터 이용 의사에 영향을 주는 요인이 된다.

세 번째, 인지된 혁신 특성은 SNS 이용이 자신의 이용 욕구와 필요에 부합하는 경우를 뜻한다. 예컨대 다양한 사람들과 소통하려는 욕구나 필요, 자기 생각을 공유하고자 하는 욕구, 여가 시간을 잘 활용하고자 하는 필요 등이 SNS 사용의 적극적인 동기가 될 수 있다.

마지막으로 혁신 저항 요인은 SNS를 이용하지 않으려는 사람들의 내적 이유와 관련이 깊다. 타인의 이야기를 듣는 것이 귀찮다거나, 다른 사람의 일상을 굳이 알고 싶지 않다는 거부감, 혹은 새롭게 인맥을 형성하는 것 자체에 관심이 없거나 이를 시간 낭비라고 생각하는 일종의 혁신 저항 요인이 SNS를 이용하지 않도록 하는 결정 요인으로 작용한다.

이 모든 요인 중, 트위터와 페이스북에서 공통적으로 이용 의사에 가장 결정적인 영향을 미치는 항목은 바로 '주관적 규범'이다. 즉, '가까운 사람들이 자신이 새로운 SNS를 이용해야 한다고 생각할 것이라고 인식하는 정도'다. SNS 이용을 결정하는 데 자신의 이용 욕구나 필요성보다도 자신이 '이용해야 할 거로 생각하는 타인의 인식'에 더 영향을 받는다는 사실은 황상민(2011)의 『한국인의 심리코드』에서 밝히듯이 미국에서는 '나'에 대해 관심이 있지만 한국에서는 '남이 보는 나'에 관심을 둔다는 것과 일맥상통한다.

SNS 수용자의 소통 방식

소셜 미디어는 새로운 소통 패러다임으로 자리매김하고 있다. SNS는 기본적으로 '관계의 유지'뿐 아니라 '관계의 확장'에 대한 수용자들의 욕구를 기반으로 한다. 정도의 차이는 있지만 소셜 미디어 이전의 모든 미디어는 이용자들에게 관계 맺기를 목적으로 한다는 점에서 본질적으로 '소셜'할 수밖에 없다(임영호 · 김은미, 2011). 영화나 텔레비전, 신문, 잡지와 같은 올드 미디어는 물론이고, 인터넷, 휴대 전화를 중심으로 한 모바일 미디어 등 디지털 환경 역시 타인과의 소통을 지향한다는 점에서 본질은 다르지 않다. 다만 개인 미디어라고 치부하던 개인용 컴퓨터, 스마트폰이 개인이 아닌 사회를 지향한다는 점에서, 일대일 소통과는 전혀 다른 방식의 소통이 일어나고 있다는 점에서 주목할 필요가 있다.

소셜 미디어 소통 방식의 또 다른 특징은 빠르고 강력한 확산성에 있다. 기존의 인터넷에 모바일 기기가 결합하면서, 소셜 미디어를 통한 콘텐츠 확산 속도는 그 어느 때보다 급진적이다. 스마트폰의 보급이 결정적 역할을 한다고 할 수 있는데, 스마트폰 가입자 수와 트위터 사용자의 증가 추세가 이를 말해 준다.

또한 이렇게 다양한 이슈와 이슈의 빠른 확산이 가능해진 것은 소셜 미디어가 갖는 세 번째 특징인 '익명성의 완화' 덕분이다. 콘텐츠 생산자가 누구인지 모를 때는 신뢰도가 떨어져 그 콘텐츠를 수용하거나 퍼뜨리는 데 제한이 따랐다. 그러나 트위터나 페이스북은 실명 기반의 계정 운영과 사용자 정보의 공개로 인해 신뢰도가 상대적으로 높아졌다. 이는 사용자들이 대체로 온·오프라인의 평판을 동일시하고 있어 민감한 이슈일수록 정보 왜곡 여부를 신중히 검토하게 되는 현상과도 연결된다(박준, 2011).

SNS로 인한 소통 방식의 변화는 인간관계의 구조에도 변화를 초래하고 있다. 임영호와 김은미(2011)가 지적한 SNS형 소통과 인간관계의 변화 중 특징적인 것 몇 가지를 소개하면 다음과 같다.

첫째는 자기표현과 소통의 확대인데, 이는 SNS의 등장이 가져온 획기적인 현상이라기보다는 디지털 미디어의 등장 이후 꾸준히 전개되어 온 변화라고 할 수 있다. 싸이월드 미니홈피나 블로그 서비스의 등장으로 개인의 표현과 참여 공간은 급속히 확대됐고, 스마트폰 이용 확산 등과 맞물리면서 상호 작용적 커뮤니케이션의 양상이 폭발적으로 증가했다. 특히 이들은 SNS가 만들어 낸 소통 구조에서 주목할 만한 현상으로 '스몰토크(small talk)'의 증가를 강조한다. 스몰토크란 일상적이고 의례적인 커뮤니케이션 형태로, 인간관계에서 중요한 것은 대화의 내용 자체보다는 상호 작용의 연속성에 있으며, 스몰토크는 관계의 유지와 친밀감의 형성에 핵심적인 역할을 수행한다.

둘째로 지적된 변화는 전통적 친구 개념의 재정의다. 페이스북에서는 오프라인 친구들을 기반으로 관계를 재구성하는 경우도 있지만, 알고리즘을 통해 추천된 인물들이나, 단 몇 차례 메시지를 주고받은 사용자들까지도 모두 '친구'라는 동일한 개념 아래 묶이게 된다. 트위터 역시 커뮤니케이터 간 위계나 사회적 거리를 제거하면서, 이들을 형식상 동일한 지위로 위치시킨다. 결과적으로 SNS상의 인간관계는 전통적인 친구 관계나 피상적인 관계 모두로 분류되기 어려운, 새로운 유형의 관계로 자리 잡고 있다.

셋째, 이 변화는 관계 구조의 전환이라기보다 현실 권력 구조의 연장으로 해석할 수 있다. 생산자와 수신자의 구분 없이 소통하는 것이 SNS의 주요 특징이기도 하지만 SNS 세계에서도 현실 세계의 권력 불평등이 여전히 존재한다. 대다수 이용자는 팔로워 수가 적고 아주 소수 이용자만 엄청나게 팔로워 수가 많은 것이 이를 증명한다. 이와 비슷한 맥락에서 레빈슨(Levinson, 2011)은 트위터 내 권력 집중 현상을 언급하며, 트위터는 1등 시민과 2등 시민이 확연하게 구분되는 공간이라고 지적한 바 있다.

참고문헌

김유향 · 조희정(2011). 튀니지의 재스민혁명과 SNS의 역할.

≪이슈와 논점≫. 국회입법조사처.
박종구(2010). 뉴미디어 채택에 관한 통합모델 IAM-NM: 트위터와 페이스북에 대한 실증분석을 중심으로. 서강대학교 박사학위논문.
박준(2011). 소셜 미디어가 여는 새로운 정책 환경. 『이슈리포트』. 삼성경제연구소.
이원태 · 조희정(2010). 모바일 소셜 미디어에서 유력자(influentials) 역할. KISDI 연구보고서.
임영호 · 김은미(2011). 소셜 미디어형 소통방식과 인간관계의 변화. 『한국사회의 디지털 미디어와 문화』. 커뮤니케이션북스.
황상민(2011). 『한국인의 심리코드』. 추수밭.
SK M&C(2011). ≪Trend Train≫ Vol.1 뉴미디어+a. SK플래닛 M&C 부문.
CNN(2011.1.13). Tunisian protests fueled by social media networks.
Levinson, P.(2011). The long story about the short medium: Twitter as a communication medium in historical, present, and future context. ≪언론정보연구≫, 48(1), 7-28쪽.
Li, C. & Bernoff, J.(2008). *Groundswell: Winning in a world transformed. Social technologies*. Harvard Business Review Press.
Ram, S.(1987). A model of innovation resistances. *Advance in Consumer Research, 14*(1). pp.208-212.
Zaltman, G. & Wallendorf, M.(1983). *Consumer behavior; Basic findings and management implications*. NY: John Wiley & Sons.

06

자기 노출 수준에 따른 행복감

관계적 의사소통은 상호의 자기 노출을 통해 구축된다. 사람들은 서로 개인적인 이야기를 공유하면서 상대방에 대해 알아 간다. 이러한 자기 노출은 일상적인 사회적 상호 작용의 중요한 구성 요소로, 우리는 타인과 소통할 때, 자신의 주변에서 벌어지는 일들에 대해 그리고 그에 대해 어떻게 생각하고 느끼는지를 주로 이야기한다. 이는 매개된 환경에서도 마찬가지인데, 특히 페이스북과 같은 소셜 미디어 이용은 본질적으로 자기 노출에서 시작된다고 볼 수 있다.

자기 노출

소셜 미디어는 본질적으로 인간관계를 좀 더 폭넓게 확장하려는 욕구를 반영하는 플랫폼이다. 시간과 공간의 제약을 뛰어넘어 사이버 인간관계망을 형성할 수 있게 됐고 그 속에서 이용자들 간의 정보 교환은 빠르게 이루어진다. 과거보다 빨라진 정보 교환과 네트워크를 통한 인간관계의 확장이 개인들의 삶에 어떤 영향을 미치는지, 특히 궁극적으로 행복감에 기여하는지 여부는 면밀한 검토가 필요한 과제다.

이용자 수가 가장 많은 소셜 미디어 플랫폼인 페이스북에서는 개개인이 자신의 모습을 과장하거나 미화하여 타임라인에 글이나 사진을 게시하는 것이 흔하다. 또한 친구 관계에 있는 사람들의 게시물에 댓글을 달거나 '좋아요'를 누르는 방식으로 반응할 수 있도록 설계되어 있다. 이러한 기능은 페이스북을 주로 지인들과의 일상과 감정을 공유하는 정서 지향적 상호 작용 공간으로 자리매김하게 했다. 페이스북 이용자들은 자신의 생각과 일상을 적극적으로 드러내며, 동시에 타인의 관찰과 평가의 대상이 된다. 마찬가지로 자신도 타인의 게시물을 관찰하고 평가하게 되며, 이러한 상호 작용은 소셜 미디어 이용의 핵심 구조로 작용한다. 그 과정에서 이용자들은 게시하는 글이나 사진의 자기 노출 수준을 조절하며, 타인의 시선과 평가를 의식해 긍정적인 자아 이미지를 구축하려는 경향을 보인다. 이로 인해 자기 과시나 과대 포장과 같은 심리적 현상이 유발될 수 있다.

최근의 한 연구에 따르면, 페이스북 이용자들이 포스팅하는 가장 큰 이유는 자신의 이미지 관리인 것으로 나타났다(양혜승 외, 2014). 페이스북을 통해 자신의 이미지를 가꾸는 동시에 남들이 그런 이미지에 어떻게 반응하는지를 점검하는 것이다. 이런 현상은 최근 연구들이 페이스북 이용과 나르시시즘의 관련성을 지적하는 것과도 맞닿아 있다.

이 같은 현상은 비단 페이스북에만 국한되는 것이 아니다. 사실 인간관계 속에서의 자기 노출과 이미지 관리는 오프라인 소통에서도 오래전부터 존재해 왔으며, 사회심리학 분야에서는 수십 년에 걸쳐 이와 관련된 연구가 이루어지고 있다. 그런데 1990년대 중반 인터넷의 등장을 기점으로, 일상의 사이버화가 급격히 진행됐고, 오늘날에는 오프라인보다 온라인에서 더 많은 시간과 활동을 보내는 사람들이 증가하고 있다. 페이스북과 같은 소셜 미디어는 일상에서 중요한 부분을 차지하고 있으며, 최근에는 스마트폰의 보편화로 인해 그 확산 속도는 더욱 가속화되고 있다. 오늘날 대부분의 사람은 잠자는 시간을 제외한 거의 모든 시간 동안 스마트폰을 소지하고 있으며, 식사 중, 이동 중, 대화 중, 심지어 업무 중에도 이를 사용한다. 스마트폰 과다 사용을 자제하라는 공익 광고가 등장한 사실로도 그 심각성을 알 수 있다. 이제 페이스북과 같은 소셜 미디어 이용은 사람들의 일상에서 큰 비중을 차지하고 있을 뿐만 아니라 중요한 일임을 부인할 수 없을 것이다.

커뮤니케이션 테크놀로지는 끊임없이 발전하고 확장되어 사람들의 사적 영역으로 깊숙이 침투하고 있다. 이런 테크놀로지 기반 커뮤니케이션은 소속감이라는 인간의 기본적인 욕구를 충족시키는 동시에, 보다 전략적인 인간관계 관리와 유지 수단으로 기능하고 있는 것이다.

자기 노출의 정의와 수준

자기 노출(self-disclosure)은 여러 학자에 의해 개념화되어 있는데, 주라드와 라사코프(Jourard & Lasakow, 1958)가 자신에 대한 정보를 타인에게 어느 정도까지 말하는지에 대한 개념으로 정의한 이후, 주라드(Jourard, 1971)는 자기 노출을 다른 사람에게 정보를 제공해 그 사람이 자신을 알 수 있도록 만드는 과정이라고 설명했다. 즉, 자기 노출은 한 사람이 다른 사람에게 언어적 및 비언어적 수단을 통해 어떤 문제에 대해 현재 자기 자신의 느낌과 사고, 반응을 사실대로 드러내 보이거나 어떤 문제에 대한 관심을 사실대로 나타내는 과정이다. 김교헌(1992)은 기존 연구를 종합해 자기 노출의 기능을 정서 표출, 자기 개념의 명료화, 사회적 타당화, 사회적 영향력의 행사라는 네 가지로 요약했다. 이 기능들이 노출 주체에게 미치는 효과라면, 자기 노출의 효과는 노출의 상대(수신자), 그리고 그 상대와 주체와의 관계에도 나타난다. 상대방은 자기 노출을 하는 사람에 대한 정보를 획득하고, 이는 상대에게 대등한 수준의 자기 노출을 유발한다. 이런 상호적 자기 노출은 관계의 발전으로 이어지는데, 친밀감이 증가하거나 관계에 대한 불확실성이 줄어드는 것이다. 라이스와 세이버(Reis & Shaver, 1988)는 친밀감의 대인 과정 모델을 제안하면서, 상호적 자기 노출이 친밀감 형성의 핵심이라고 보았다. 즉, 개인적인 정보를 다른 사람에게 드러내고 상대가 이를 이해했다는 의미의 반응으로 비슷한 수준의 정보를 공개할 때, 두 사람 사이에 친밀감이 싹트게 되는 것이다. 이 모델을 검증한 연구에서는 자기 노출에 대한 상대의 반응 정도가 친밀감 형성에 유의미한 매개 역할을 하며, 정서적 자기 노출이 사실적 정보의 노출보다 친밀감을 더 강력하게 예측하는 요인임이 밝혀졌다(Laurenceau et al., 1998).

이러한 자기 노출은 이제 온라인 환경에서도 얼마든지 가능하다(진보래 · 노현주, 2015). 면대면 커뮤니케이션에서 관계 형성에 중요한 역할을 했던 개념이, 기술 발달에 따라 컴퓨터 매개 커뮤니케이션(Computer Mediated Communication: CMC) 연구로 확장되어 적용되고 있다. 제이콥슨(Jakobsson, 1999)은 온라인 공간에서의 자기 노출은 오프라인과는 양상이 다르지만, 오프라인 정체성처럼 실재인 듯한 대인 관계, 상호 작용 및 사회적 단서를 표현할 수 있다고 보았다.

인터넷이 보편화되기 시작할 무렵의 개인 홈페이지에서부터 최근의 블로그, 페이스북과 같은 소셜 미디어에 이르기까지 개인용 웹사이트에 관한 많은 연구는 자기 노출 또는 자기표현의 측면에서 이루어져 왔다(조미혜 외, 2014). 이는 온라인상에서 사람들이 더 자유롭고 솔직하게, 때로는 완벽하게 위장하여 자신을 표현할 수 있게 됐기 때문이다. 인터넷 커뮤니케이션 혹은 CMC는 커뮤니케이터 간에 물리적으로 분리되어 있고, 익명적이며, 비동시적이다. 이러한 커뮤니케이션 환경에서는 사람들이 면대면 상황이라면 하지 않을 행동도 하게 되는데, 이런 현상을 탈억제(disinhibition)라고 표현한다. 비슷한 맥락에서 터클(Turkle, 1995)은 인터넷이 정체성 실험을 가능하게 한다고 지적했다. 사람들은 문자 기반의 비동시적 상호 작용을 통해 자기 모습을 쉽게 통제하고 조절할 수 있게 됐으며, 익명에 의한 커뮤니케이션을 통해 면대면 상황에서라면 잘 드러내지 않을 개인 정보도 쉽게 노출했다.

소셜 미디어의 등장과 확산으로 오프라인 네트워크를 온라인으로 불러와 이를 눈으로 확인하고 관리할 수 있게 됐다. 트위터나 페이스북, 카카오스토리와 같은 다양한 소셜 미디어는 개인의 면대면 네트워크를 기반으로 생성된다. 이런 환경에서는 탈억제 행동이나 일탈 혹은 승화로서의 개인적 비밀의 발설, 정체성 실험과 같은 종류의 자기 노출은 이루어지기 어렵다. 왜냐하면 사람들은 오프라인에서의 정체성과 온라인에서의 정체성 사이에 일관성과 연결성을 유지하려 할 것이기 때문이다. 결과적으로 소셜 미디어에서는 더욱 일상적인 형태의 자기 노출이 주를 이룬다.

자기 노출은 “다른 사람과 자신이 커뮤니케이션하기 위한 어떤 메시지”로 정의할 수 있는데, 페이스북상에서의 자기 노출은 이용자가 사진, 취미와 같은 메시지를 지인뿐만 아니라 페이스북상으로만 친구인 사람들과도 이야기할 수 있게 개인 정보를 게시하는 정도를 의미한다(Mazer et al., 2007). 페이스북은 상태 업데이트, 사진 게시, 링크 등의 기능을 통해 이용자가 손쉽게 자신을 드러낼 수 있는 구조를 갖추고 있다. 그리고 글로만 이루어진 텍스트뿐만 아니라 사진이나 동영상을 첨부할 수 있으므로 이전의 온라인 커뮤니케이션보다 훨씬 자유롭고 다양한 형태로 자기 노출이 이뤄진다. 즉, 언어적 텍스트뿐 아니라 비언어적 텍스트가 포함되어 훨씬 풍부한 커뮤니케이션이 일어나는 것이다. 그렇지만 비언어적 게시물에 비해 언어적 게시물에서 훨씬 깊고 넓은 범위의 자기 노출이 일어나는 것으로 나타난다(Suler, 2004).

페이스북의 주된 목적은 네트워크를 관리하고 유지하는 데 있다(조미혜 외, 2014). 이러한 관계적이고 사회적인 목적의 달성은 페이스북 사용자 간 커뮤니케이션을 통해 이루어진다. 페이스북 사용자가 게시한 메시지나 사진, 동영상, 그리고 다른 사이트에서 퍼 온 글은 그 사람에 대한 정보를 어느 정도 담고 있으며, 이는 직접적이거나 간접적인 자기 노출이다. 이러한 게시물에 친구들이 반응하고 그에 대해 사용자 자신이 또 응답하면서 일련의 상호작용이 이루어지고 이를 통해 페이스북 친구들과의 관계 혹은 네트워킹이 유지된다. 페이스북을 포함해 소셜 미디어에서의 자기 노출, 관계 유지와 같은 주제는 이미 활발하게 연구되고 있다(조미혜 외, 2014).

페이스북 이용에 영향을 미치는 것으로 밝혀진 자기 노출 성향은 주관적 웰빙과 연관되어 연구가 진행됐다. 한 연구에 따르면 자기 노출이 많은 이용자가 페이스북을 많이 사용하고, 이것이 주관적 웰빙을 높이는 것으로 드러났다(Lee et al., 2011). 페이스북 이용 시간 자체가 주관적 웰빙에 정적인 영향을 미치는 것은 아니지만, 자기 생각, 감정, 경험을 노출하고 이를 통해 유대감을 형성함으로써 행복감이 증가하는 것이다. 또 다른 연구에서는 고독을 느끼는 사람들이 자기 노출 성향이 많아지고, SNS를 자주 이용해서 주관적 웰빙을 증가시킨다고 주장한다(Lee et al., 2013). 고독 자체는 행복감에 부정적 영향을 미치지만, SNS 이용이라는 매개체를 통해 주관적 웰빙이 증가한다는 것이다. 결국 온라인상에서 자기 노출을 통해 행복감을 느끼려는 성향이 연구에서 드러난 것이다.

자기 노출은 개인의 인기 욕구와도 관련이 있으며, 이런 욕구는 정보 노출 정도와 연관되어 댓글 교류, 반응 횟수 등으로 표현된다. 청소년의 경우, 친구들로부터 더 큰 지지를 얻기 위해 많은 정보를 공개하는 경향이 있다. 한 연구에서는 자기 노출 성향이 모바일 SNS에 대한 애착과 사회적 상호 작용에 정적인 영향을 미치고 이러한 애착과 상호 작용은 오프라인의 면대면 인간관계에도 영향을 미치는 것으로 분석했다(최세경 외, 2012). 전범수(2012)는 소셜 네트워크 사이트 이용자들을 자기 노출 수준에 따라 구분했는데, 자기 노출을 많이 할수록 다른 이용자로부터 반응이나 메시지도 많이 받고, 그들과 자신이 비슷하다고 느끼는 정도도 크다고 보고했다. 또한 자기 노출 성향이 자신의 페이스북 이용 활동에 영향을 미치고, 이는 다시 친구들의 반응과 밀접한 관련이 있다는 것이 밝혀졌다(진보래 · 노현주, 2015). 필자는 실제 자기 노출 행위가 페이스북을 이용하면서 자기 삶에 어떤 영향을 미치는지, 즉 주관적 행복감에 미치는 영향을 검증했다.

자기 노출 수준에 따른 SNS 이용자의 만족감

2018년 필자는 인터넷 전문 조사 업체인 엠브레인을 통해 인터넷 조사를 실시했다. 5대 광역시에 거주하는 20대에서 50대까지의 남녀를 표본으로 추출해 진행했다. 본 연구에 참여한 조사 대상자는 소셜 네트워크 서비스를 이용하는 사람 중에서 페이스북 이용자만을 대상으로 했고, 설문에 응답한 전체 표본 수는 1332명이었다.

주관적 행복감은 여성보다 남성이 유의미하게 높게 나타났으며, 연령별 분석 결과는 20대가 30대, 40대, 50대보다 유의하게 낮게 나타났다. 자기 노출 수준은 남성이 여성보다 유의하게 높게 나타났으며, 연령별로 보면 20대가 30대, 40대, 50대보다 낮게 나타났지만 그 차이는 유의하지 않았다.

중다 회귀 분석 결과, 주관적 행복감에 미치는 자기 노출 수준은 유의하게 나타났고, 페이스북을 이용하면서 자기 노출 수준이 높을수록 주관적 행복감을 유의하게 더 높게 지각한다는 결과가 도출됐다. 이는 홀랜바우와 페리스(Hollenbaugh & Ferris, 2014)의 결과를 지지해 주는 것이라 할 수 있다. 따라서 SNS 이용자들은 자기 노출을 많이 할수록 주관적 행복감을 더 크게 느낀다고 볼 수 있다.

참고문헌

김교헌(1992). 자기노출의 기능. ≪한국심리학회지≫, 11(1), 81-107쪽.

양혜승 · 김진희 · 서미혜(2014). 페이스북은 우리의 삶을 행복하게 하는가?-대학생 집단에서 페이스북 읽기, 타인과의 상향비교, 삶에 대한 만족도의 관계. ≪한국언론학보≫, 58(6), 215-224쪽.

윤정미 · 임정수(2012). 소셜 네트워크 서비스 간 유사성과 서비스 선호도에 대한 포지셔닝 분석. ≪한국방송학보≫, 26(3), 416-457쪽.

전범수(2012). SNS 자기노출 집단별 동질성 인식 연구. ≪한국콘텐츠학회논문지≫, 12(12), 170-178쪽.

조미혜 · 전수현 · 최은경(2014). 페이스북 이용자의 자존감, 삶의 만족도, 성별의 차이가 자아 표현 동기 및 사회 교류 동기에 미치는 영향. ≪한국콘텐츠학회논문지≫, 14(9), 513-528쪽.
진보래 · 노현주(2015). 페이스북 친구들의 반응과 관계적 유용성-자기노출 성향의 영향력과 성별의 조절효과. ≪한국콘텐츠학회논문지≫, 15(7), 449-459쪽.
최세경 · 곽규태 · 이봉규(2012). 커뮤니케이션 성향과 모바일 SNS 애착이 SNS 상호작용과 이용 후 대인관계 변화에 미치는 영향 연구. ≪사이버커뮤니케이션학보≫, 29(1), 159-200쪽.
Hollenbaugh, E. & Ferris, A.(2014). Facebook Self-disclosure: Examining the role of traits, social cohesion, and motives. *Computers in Human Behavior, 30*, pp.50-58.
Jakobsson, M.(1999). Why bill was killed: Understanding social interaction in virtual world. In A. Nijhot et al.(Eds.), *Interactions in virtual worlds: Proceeding of the 15th Twenty Workshop on Language Technology*, Enschede, Netherlands: Twenty University.
Jourard, S. M. & Lasakow, P.(1958). Some factors in self-disclosure. *The Journal of Abnormal and Social Psychology, 56*(1), pp.91-98.
Jourard, S. M.(1971). *Self-disclosure: An experimental analysis of the transparent self.* Oxford, England: John Wiley.
Laurenceau, J. P., Barrett, L. F., & Pietromonaco, P. R.(1998). Intimacy as an interpersonal process: The importance of self-disclosure, partner disclosure, and perceived partner responsiveness in interpersonal exchanges. *Journal of Personality and Social Psychology, 74*(5), pp.1238-1251.
Lee, G., Lee, J., & Kwon, S.(2011). Use of social-networking sites and subjective well-being: A study in South Korea.

Cyberpsychology, Behavior, and Social Networking, 14(3), pp.151-155.

Lee, K. T., Noh, M. J., & Koo, D. M.(2013). Lonely people are no longer lonely on social networking sites: The mediating role of self-disclosure and social support. *Cyberpsychology, Behavior, and Social Networking, 16*(6), pp.413-418.

Mazer, J. P., Murphy, R. E., & Simonds, C. J.(2007). I'll see you on "Facebook": The effects of computer-mediated teacher self-disclosure on student motivation, affective learning, and classroom climate. *Communication Education, 56*(1), pp.1-17.

Reis, H. T. & Shaver, P.(1988). Intimacy as an interpersonal process. *Handbook of Personal Relationships, 24*(3), pp.367-389.

Suler, J.(2004). The online disinhibition effect. *Cyberpsychology and behavior, 7*(3), pp.321-326.

Turkle, S.(1995). *Life on the Screen: Identity in the Age of the Internet.* Simon & Schuster.

07

자아 표현 동기와 사회 교류 동기에 따른 행복감

자기 노출 수준 외에도 자아 표현 동기와 사회 교류 동기가 SNS 이용자들의 행복감에 미치는 영향을 검토했다. 사람들이 SNS를 이용하는 주요 이유는 인간관계를 보다 더 좋게 관리・유지하기를 바라는 동기에서 비롯된다. 심리학자 매슬로가 제시한 인간의 다섯 가지 동기 중 세 번째 동기가 사회적 동기다. 오늘날을 살아가는 대부분의 사람은 사회적 동기를 강하게 표출하고 있는데, 이는 자아 표현 동기와 사회 교류 동기로 나타난다.

자아 표현 동기

자아 표현은 개인적 정보를 있는 그대로 드러내거나, 혹은 이상적 자아와 부합하도록 변형하고 가공한 내용으로 대체하여 나타내는 행위다. 자아 표현에 관한 많은 연구는 자기 노출 이론에 근거하고 있는데, 사람들은 타인에게 개인적 생각, 느낌, 경험을 포함한 자신의 정보를 보여 주고 싶은 욕구가 있다(Archer, 1980). 자기 노출은 단방향 소통이 아닌 상호 작용적 행동이다. 즉, 자아 표현 기능은 다른 사람들과의 상호 교류 속에서 자신을 나타내는 방식, 그리고 표현된 자아가 지속적 교류 때문에 형성되는 방식을 모두 반영한다(Rosenberg & Egbert, 2011). 사회심리학자들은 일반적으로 사람들이 자아상을 소유하고 이를 표현한다는 사실을 밝혀냈으며, 이러한 표현은 전달 상황과 방식에 크게 의존한다. 개인의 내면 자아와 공적인 자아를 구분했던 융(Jung, 1953)과 고프만(Goffman, 1959)의 연구에 근거하여, 위티(Whitty, 2007)는 실제의 자아, 이상적 자아, 의무적 자아의 3개 유형의 자아를 제시했다. 자아 표현은 자신에 대한 진정성을 유지하는 동시에 타인에게 좋은 인상을 보이려는 욕구가 반영된다고 했다.

진실한 자아에 대한 사람들의 선호는 내가 내 자신을 보는 것과 같이 타인도 나를 보아 주기를 바라는 대인 관계 욕구로 설명할 수 있다. 사람들은 자신과 같은 의견을 갖고 있는 친구들을 사귀려는 강한 동기가 있다. 진실한 자아 표현은 일반적으로 덜 방어적이고 덜 순종적이며 덜 확신할 수 있어서 자존감과 주관적 웰빙을 향상하는 주도적 역할을 할 수 있다(Kernis & Goldman, 2004). 이상적 자아 표현의 목적은 개인이 바라는 것과 일치하는 자신의 공개적 이미지를 만들어 내는 것이다. 김과 리(Kim & Lee, 2011)에 따르면, 이상적 자아 이미지가 이상적 자아 표현을 통해서 유지되고 지지될 때, 페이스북 사용자의 주관적 웰빙이 향상됐다. 페이스북 프로필에 나타나는 개인 정보의 노출은 자존감을 높여 주는 것으로 밝혀졌는데, 사용자가 자신의 정보를 편집하고 선택적으로 자신을 표현할 때, 더욱 자존감이 향상되었다(Gonzales et al., 2010).

페이스북은 신상 정보 구성, 상태 업데이트, 사진 앨범 관리, 댓글 작성 등 자아 표현을 위한 다양한 기회를 제공한다. 페이스북 이용자들은 가족, 친구, 동료 등을 페이스북 친구로 지정하기 때문에 항상 익명으로 활동하는 것은 아니다(Lee et al., 2011). 따라서 페이스북 이용자들은 자아의 복합적인 인상을 표현할 수 있고, 자신을 공개하기도 하면서 진정한 자기 자신을 드러낸다. 또한 자신에게 적합하고 선호되는 이미지를 강조하는 선택적 방식으로 자신을 표현하기도 한다. 김과 리(Kim & Lee, 2011)는 진실한 자아 또는 이상적 자아를 구분하지 않고, 페이스북을 통해 자아를 표현하는 것에 초점을 맞추며, 자아 표현이 증가할수록 삶의 만족도가 높아진다고 제시하고 있으나, 내면의 자아와 외부에 보이고 싶은 자아의 심리 차이뿐만 아니라 삶의 만족도가 자아 표현 행동에 미치는 영향은 반영하지 못했다(조미혜 외, 2014). 이에 따라 필자는 자아 표현 동기가 페이스북 이용자의 주관적 행복감에 미치는 영향을 검증했다.

자아 표현 동기가 SNS 이용자의 주관적 행복감에 미치는 영향

필자의 검증 결과에 의하면, 자아 표현 동기는 남성과 여성이 거의 유사하게 나타났고, 연령별로 보면 20대가 30대, 40대, 50대보다 약간 낮게 나타났으나 그 차이는 유의하지 않았다. 자아 표현 동기가 주관적 행복감에 미치는 영향을 분석한 결과는 유의하게 나타났다. 즉, 자아 표현 동기가 높을수록 페이스북을 이용하면서 주관적 행복감이 유의하게 증가하는 것을 알 수 있었다. 이러한 결과는 김과 리(kim & Lee, 2011)와 리와 동료들(Lee et al., 2011)이 자아 표현 동기가 증가할수록 삶의 만족도가 높아진다고 한 결과와 일치한다.

사회 교류 동기

교류하고자 하는 욕구는 인간의 기본적인 동기 중 하나다. 사람들이 사회적 네트워크를 통해 추구하는 궁극적 목적은 유대감을 형성하는 데 있다. 사회적 네트워크는 사회적으로 의미 있는 일련의 관계로 연결되는 사람들과 조직을 포함한 사회적 실체의 집합체라고 정의할 수 있다(Kwon & Wen, 2010). 사람들은 많은 친구와 강한 유대감이 형성될 경우, 다른 곳에서는 얻을 수 없는 정보나 기회와 같은 중요한 자원을 획득하거나 정서적 지지를 받게 되는 유리한 조건에 있게 된다(Lin, 2001). 사회적 교류의 궁극적인 목적은 다른 사람들로부터 인정과 지지를 원하는 욕구 때문에 활성화된 자아 향상 동기다(Kim & Lee, 2011). 사람들 간의 관계로 형성된 사회적 지지와 인정은 긍정적 감정에 영향을 미치고 웰빙과 삶의 만족도까지 향상시킨다(Valenzuela et al., 2009). 이것은 사회적 지지와 인정이 더 높은 자존감, 더 좋아진 대처 기술, 향상된 정신적 건강에 긍정적 영향을 미치고 있기 때문으로 나타났다(Schiffrin et al., 2010).

페이스북에서는 개인 정보를 노출해 유대감과 정서를 공유함으로써 친밀한 공간으로 인식하고 더욱 몰입하는 현상이 나타난다(양혜승 외, 2012). 이는 소셜 미디어가 사회적 교류 욕구를 충족시킬 수 있는 기능적 매개체로 작용하기 때문이다. 소셜 미디어를 통한 타인과의 커뮤니케이션은 상호 작용하는 개인들 간의 이해와 신뢰, 더 나아가 사회적 지지를 얻는 데 긍정적 영향을 미친다(Ellison et al., 2007). SNS 사용자들은 핵심 네트워크의 회원들로부터 도움을 받을 기회가 많으므로 SNS의 사회적 교류를 위한 의식적인 투자 경향을 보이는 것으로 해석된다(조미혜 외, 2014). 한편, 사이버 비판론자들은 인터넷 사용자가 TV 시청을 많이 하는 사람들과 마찬가지로 사람들 간의 직접적인 접촉을 적게 한다는 비판을 하기도 한다(Valenzuela et al., 2009). 물론 인터넷 사용자들은 눈에 보이는 물리적 교류를 위한 시간을 많이 갖지 않을 수 있으나, SNS를 통해서 친구와 연락하고, 대화하고, 새로운 사람들을 만나면서 더 큰 유대감을 경험하고, 더 높은 행복감을 느끼는 것으로 나타났다(Schiffrin et al., 2010). 이에 따라 필자는 사회 교류 동기가 페이스북 이용자의 주관적 행복감에 미치는 영향을 검증해 보았다.

사회 교류 동기가 SNS 이용자의 주관적 행복감에 미치는 영향

사회 교류 동기는 남성보다 여성이 약간 높게 나타났으나 그 차이는 유의하지 않았고, 연령별로 보면 20대, 30대, 40

대, 50대가 유사하게 나타났다. 사회 교류 동기가 주관적 행복감에 미치는 영향을 분석한 결과는 유의하게 나타났으며, 이는 사회 교류 동기가 높을수록 페이스북을 이용하면서 주관적 행복감이 유의하게 증가한다는 것을 의미한다. 이러한 결과는 페이스북을 이용하면서 사회 교류 동기가 높을수록 주관적 행복감을 유의하게 더 높게 지각한다는 점에서 엘리슨과 동료들(Ellison et al., 2007)의 연구 결과와는 일치하는 것이라 할 수 있다. 반면, 페이스북 이용에 더 많이 의존할수록 페이스북 이용자가 인식하는 주관적 행복감은 오히려 하락할 수 있다는 김봉섭(2015)의 연구 결과와는 다른 결과를 보여 주었다.

이러한 결과의 차이는, 사회 교류 동기가 높은 이용자일수록 SNS를 이용하면서 주관적 행복감이 높아질 수도 있고 낮아질 수도 있다는 점을 시사하며, 이는 다른 변인의 영향에 따라 달라진다는 것을 보여 준다.

참고문헌

양혜승 · 김진희 · 서미혜(2012). 페이스북은 우리의 관계를 윤택하게 하는가?: 페이스북 이용자의 사회심리적 동기, 이용행위, 사회적지지 인식의 관계 고찰. ≪한국언론학보≫, 56(5), 270-296쪽.

조미혜 · 전수현 · 최은경(2014). 페이스북 이용자의 자존감, 삶의 만족도, 성별의 차이가 자아표현 동기 및 사회 교류 동기에 미치는 영향. ≪한국콘텐츠학회논문지≫, 14(9), 513-528쪽.

Archer, J. L.(1980). Self-disclosure. In Wegner, D., Vallacher, R.(Eds.), *The self in social psychology*(pp.183-204). London, UK: Oxford University Press.

Ellison, N. B., Steinfield, C., & Lampe, C.(2007). The benefits of Facebook "friends": Social capital and college students use of online social network sites. *Journal of Computer-Mediated Communication, 12*(4), pp.1143-1168.

Goffman, E.(1959). *The presentation of self in everyday life.* Doublday. Garden City.

Gonzales, A. L., Hancock, J. T., & Pennebaker, J. W.(2010). Language style matching as a predictor of social dynamics in small groups. *Communication Research, 37*(1), pp.3-19.

Jung, C. G.(1953). *Two essays in analytical psychology*(Trans. R. F. Hull). New York: Pantheon.

Kernis, M. H. & Goldman, B. M.(2004). Authenticity, social motivation, and well-being. In J. P. Forgas, K. D. Williams & S. M. Laham(Eds.), *Social motivation: Conscious and unconscious processes*(pp.210-227). Cambridge, United Kingdom: Cambridge University Press.

Kim, J. & Lee, J. R.(2011). The Facebook paths to happiness: Effects of the number of Facebook friends and self-presentation on subjective well-being. *Cyberpsychology, Behavior, and Social Networking, 14*(6), pp.359-367.

Kwon, O. & Wen, Y.(2010). An empirical study of the factors affecting social network service use. *Computers in Human Behavior, 26*(2), pp.254-263.

Lee, G., Lee, J., & Kwon, S.(2011). Use of social-networking sites and subjective well-being: A study in South Korea. *Cyberpsychology, Behavior, and Social Networking, 14*(3), pp.151-155.

Lin, N.(2001). *Social capital: A theory of social structure and action.* Cambridge: Cambridge University Press.

Rosenberg, J. & Egbert, N.(2011). Online impression management: Personality traits and concerns for secondary goals as predictors of self-presentation tactics on Facebook. *Journal of Computer-Mediated Communication, 17*(1), pp.1-18.

Schiffrin, H., Edelman, A., Falkenstern, M., & Stewart, C.(2010). The associations among computer-mediated communication, relationships, and well-being. *Cyberpsychology, Behavior, and Social Networking, 13*(3), pp.299-306.

Valenzuela, S., Park, N., & Kee, K. F.(2009). Is there social capital in a social network site?: Facebook use and college students' life satisfaction, trust, and participation. *Journal of Computer-Mediated Communication, 14*(4), pp.875-901.

Whitty, M. T.(2007). Revealing the 'real' me, searching for the 'actual' you: Presentations of self on an internet dating site. *Computers in Human Behavior, 24*(4), pp.1707-1723.

08

사회적 비교 성향에 따른 행복감

다수의 선행 연구는 이용 과정에서 겪는 타인과 자신을 비교하는 사회 비교 경험이 우울감과 같은 부정적 정서를 유발하는 중요한 원인임을 지적한다. 즉, SNS 이용자들은 행복하거나 즐거운 자기 과시가 넘쳐나는 타인의 포스팅을 보며 자신과 비교하게 되고, 자기 스스로 상대적으로 덜 행복하다고 느끼는 박탈감을 자주 경험하며, 이러한 상대적 박탈감은 우울감과 연관될 수 있다는 것이다.

사회 비교 성향

SNS 이용과 관련된 우울감과 같은 정서적 · 인지적 차원의 부정적 결과에 대한 기존 연구(차경진 · 이은목, 2015)는 사회 비교라는 개념을 도입함으로써 SNS가 지닌 순기능뿐 아니라 역기능에 대한 이해를 확장했다는 점에서 의미를 지닌다. 하지만 이들 연구의 경우 SNS 이용자들이 자신들보다 행복해 보이는 사람들과 비교하는 상향 비교에만 주목하면서 SNS의 역기능을 설명한다는 점에서 한계를 지닌다. 다양한 형태의 상호 작용이 존재하는 SNS에서 이용자들은 얼마든지 자신들보다 어려운 처지에 놓인 타인을 접할 기회도 많으며, 이들과 자신을 비교하는 하향 비교도 경험할 수 있다. 하향 비교의 경우 상향 비교와 달리 부정적 정서를 유발하기보다는 오히려 자기 고양 혹은 삶의 만족도 증가 등의 긍정적 결과를 이끌 수 있다. 따라서 상향 비교가 단순히 상대적 박탈감이나 부정적 정서와만 연관이 있다는 가정은 지나치게 단선적일지 모른다. 실제로 일부 이용자는 상향 비교를 통해 자신도 더 나은 삶을 살 수 있다는 희망과 동기를 얻을 수 있다.

SNS가 일상적 커뮤니케이션 수단으로 자리 잡으면서, 그 이용 효과 역시 사용자 특성과 이용 맥락에 따라 다양하게 나타나는 것으로 확인됐다. SNS를 인간관계 형성이나 커뮤니케이션 수단으로 활용할 경우, 이용자의 만족감과 행복감을 증진시킬 수 있다는 연구 결과도 있는 반면, 타인의 자기 과시적 게시물에 수동적으로 노출될 경우에는 부러움, 질투, 박탈감 등 부정적 감정을 유발할 수 있다는 지적도 존재한다.

사회 비교 지향성

사회 비교 지향성이란 개인이 스스로에 대한 불확실성이 높을수록 타인의 행동이나 판단에 의존해 자신의 행동을 조정하려는 성향을 의미한다. 사람들은 일상 속에서 친구, 선후배, 유명인 등 다양한 타인과 자신을 비교하며, 이는 직접적인 대면 관계는 물론 미디어 콘텐츠나 SNS 등을 통해 쉽게 이루어진다. 다른 사람들이 무엇을 하는지, 어떻게 지내는지, 무엇을 할 수 있고 무엇을 할 수 없는지, 또는 무엇을 성취했고 성취하지 못했는지 등에 관한 정보를 자신과 연관시킨다. 이러한 현상을 체계적으로 개념화하고 설명한 사회적 비교 이론에 따르면, 개인은 자신의 의견이나 능력을 평가하기 위한 목적으로, 특히 자신을 평가할 수 있는 객관적 측정 방법이 없을 때 자신을 남들과 비교하게 된다. 페스팅거(Festinger, 1954)는 개인들이 평가 기준으로 삼는 타인의 경우, 주로 평가를 하는 주체와 개인적 상황이나 사회적 위치 면에서 유사한 사람들을 선택하며, 사회적 비교 행동의 빈도는 개인의 사회적 비교 성향 수준에 따라 달라진다고 보았다.

사회적 비교 이론 및 관련 연구에 의하면, 사람들은 타인과의 비교를 통해 자신의 의견과 능력뿐만 아니라, 감정, 개성을 평가한다. 나아가 자존감과 자아의식 향상 그리고 자아 발전을 도모하기도 한다. 사회적 비교를 통해 사람들은 자신을 긍정적 또는 부정적으로 인식할 수도 있으며, 이는 각 개인의 성격적 특성과 비교 대상이 누구인지에 따라 달라진다. 개인이 가진 사회 · 경제적 요건과 가족이나 주위 사람들과의 인간관계 등의 다양한 객관적 요인이 삶의 만족도를 복합적으로 결정하지만, 같거나 유사한 객관적 상황에 있다고 하더라도 삶의 만족도는 주관적 기준에 따라 달라질 수 있다. 이러한 주관적 기준의 적용에 사회적 비교가 중요한 요인으로 작용한다. 요약하자면, 사회적 비교를 통해 개인은 자기 자신과 자신의 처지를 포함한 삶 전반에 대한 주관적이고 상대적인 평가를 하게 되고 이는 곧 각 개인의 정서에 영향을 미치기도 한다.

그렇지만, 페스팅거(Festinger, 1954) 이후의 후속 연구자들은 개인의 사회 비교가 반드시 자신과 유사한 상황의 사람들만을 대상으로 이뤄지지 않는다는 점을 증명했다.

특히 긍정적 자아상이 위협받는 상황에서는 유사한 대상보다는 자신보다 열등한 타인을 비교 대상으로 삼는 하향 비교 경향이 뚜렷하게 나타났다. 이는 상대적으로 자신의 위치를 긍정적으로 재해석함으로써 자아상을 방어하거나 유지하는 데 도움을 준다. 이러한 관점에서 사회 비교 연구는 개인이 상향 비교, 하향 비교 혹은 유사 비교 중 어떤 방식을 선택하는지, 그리고 그 선택에 영향을 미치는 심리적 요인은 무엇인지에 주목해 왔다. 예를 들어, 상향 비교는 자신을 향상하고자 하는 동기가 강할 때, 유사 비교는 자기를 평가하고자 하는 동기가 강할 때, 그리고 하향 비교는 자신을 방어하고자 하는 심리 기제에 의해 촉발됨을 주장했다(차경진 · 이은목, 2015). 또 다른 한 축의 사회 비교 관련 연구들은 사회 비교 행위가 비교 행위에 따른 결과로써의 행복감 혹은 우울감 등 정서적 · 인지적 차원의 경험과 어떤 연관성이 있는지를 살펴보고 있다(장은영, 2009).

사회적 비교가 개인의 정서에 미치는 영향은 비교의 방향에 따라 상이하게 나타난다. 상향 비교는 자신보다 우월하거나 나은 처지에 있는 사람과 자신을 비교하는 것으로 자신을 향상하고자 하는 욕구에서 비롯된다. 반면 하향 비교는 자신보다 열등하거나 어려운 처지에 있는 사람과 자신을 비교하는 것으로, 실패한 경험이 있거나 목표에 도달하기 어려울 것으로 예상되는 경우 불안감을 해소하고 주관적 안녕감과 자신감을 고취하려는 욕구에서 발생한다. 일반적으로 상향 비교는 부정적 정서를 유발하는 반면, 하향 비교는 자존감을 향상하고 긍정적 감정을 유발하며 불안감을 해소하는 것으로 보고되고 있다. 사회적으로 이상적인(또는 비이상적인) 사람들에 대한 정보가 개인의 자존감에 미치는 영향을 검토한 결과, 사람들은 사회적으로 이상적인 타인들에 대한 정보에 노출됐을 때 자존감이 감소하지만, 자신들보다 못한 처지의 비이상적인 타인들의 정보에 노출되면 자존감이 상승하는 것으로 나타났다. 개인의 주관적 행복감을 다룬 선행 연구들도 일관된 결과를 제시하고 있는데, 상향 비교를 통해 개인의 주관적 행복감이 감소하는 반면, 하향 비교는 주관적 행복감의 증가를 초래하는 것으로 확인된다.

정리하자면, 사람들은 일상에서 거의 본능적으로 다른 사람들과 자신을 끊임없이 비교하며, 이 과정에서 상향 비교는 시기, 좌절, 질투, 우울감 등의 부정 정서를 유발하고, 하향 비교는 자존감 강화, 우월감, 안녕감, 행복감 등의 긍정 정서를 촉진하는 것으로 확인된다. 그러나 여전히 이러한 현상이 페이스북과 같은 SNS상에서 이루어지는 타인들과의 상호 작용 및 사회적 비교 행위에도 적용 가능한지는 아직 명확히 실증되지 않았다.

페이스북에서의 사회적 비교

사회 비교 개념은 미디어 관련 연구 분야에도 광범위하게 활용돼 왔다. 다수의 선행 연구는 텔레비전 시청 환경에서 매력적인 모델이나 배우와 같은 미디어 속 인물과의 상향 비교가 시청자들에게 미치는 정서적 · 인지적 영향에 주목했다. 최근에는 SNS의 확산과 보편화에 따라, 새로운 형태의 미디어인 SNS에서의 사회 비교가 이용자에게 어떤 심리적 효과나 결과를 초래하는지를 규명하려는 연구가 활발히 이루어지고 있다. 사회적 비교는 타인에 대한 정보를 바탕으로 자신을 어떻게 평가할지를 결정하는 심리 과정으로 정의할 수 있다. SNS상에서는 타인에 대한 정보가 더욱 두드러지기 때문에 사회적 비교가 더욱 일상적으로 발생한다. SNS를 통해 이용자들이 게시하는 정보의 상당 부분은 자신의 대외적 이미지 관리를 위한 것이며, 따라서 그 내용은 자기 긍정적으로 편향되는 경향이 있다. 더군다나 페이스북과 같은 개방형 SNS 이용자들은 오프라인의 지인들뿐만 아니라 온라인에서 만난 사람들과도 친구 관계를 맺고 상호 작용한다. 따라서 비교 기준의 유사성과 높은 수준의 개인적 친분이라는 두 요인이 사회적 비교를 더욱 촉진할 수 있다. 실제로 여러 선행 연구는 특히 SNS상에서 타인의 게시물을 단순히 수동적으로 읽는 방식의 이용 행태가 사회 비교 빈도와 유의미한 정적 상관을 보인다는 증거를 제시하고 있다(Lee, 2014).

페이스북 역시 장시간 이용하게 될 경우, 개인의 일상이나 소식이 지속해서 게시되는 공간적 특성을 고려해 볼 때, 자신의 의지와 관계없이 사회 비교가 빈번하게 이루어질 것이다. 페이스북 이용자는 자신의 행복했던 순간이나 기억에 남기고 싶은 순간만을 선택적으로 게시하는 경향이 있다. 이러한 행위를 통해 타인이 자신에 대해 갖게 될 인상을 통제하고자 한다. 더욱이 온라인에서는 특정 장면의 앞뒤 맥락을 제거한 채 보여 주고 싶은 장면, 생각, 느낌만을 선택적으로 게시할 수 있기에 오프라인에서보다 인상을 관리하기가 상대적으로 더 용이하다. 따라서 이용자는 지인의 잘나고 행복해 보이는 소식을 접하면서 상향 비교를 경험할 가능성이 높다. 실제로 최근 연구에 따르면, 페이스북 노출 정도가 상향 비교 및 유사 비교와 정적 상관이 있고 하향 비교와는 부적 상관이 있는 것으로 보고되고 있다(양혜승 외, 2014).

상향 사회 비교는 부정적 정서를 유발할 수 있다는 연

구 결과도 있다. 물론 명확한 목적과 의지를 바탕으로 수행되는 상향 비교는 자기 능력 향상에 도움을 줄 수 있지만, 동시에 실망감이나 무능감을 경험하게 할 위험성도 내포하고 있다(장은영 · 한덕웅, 2004). 비교를 하는 사람은 정서적 측면에서 자신에 대한 실망감이나 무능감을 느끼며 행복감이 낮아지고, 불쾌감을 경험한다고 한다. 기분이 나빠지거나 상대에 대한 적대감, 질투심이 생기고, 자신에 대한 평가가 낮아지고 열등감을 경험하기도 한다. 자신에 대한 실망, 좌절로 인해 스트레스를 겪거나 우울, 분노, 자기 연민, 불안 등 부정적 정서가 높아진다는 연구도 있다. 이는 SNS 공간에서도 마찬가지다. SNS 이용자는 SNS 공간에서 타인의 정보에 많이 노출될수록 상향 비교를 하여 부정적 정서로 이어지는 경향이 있다(차경진 · 이은목, 2015).

이들 가운데 일부 연구는 사회적 비교가 질투심 또는 우울증과 같은 부정적 정서와 관련이 있음을 보고하고 있다(Lee, 2014). 그리고 페이스북상에서 다른 사람들의 프로필을 읽는 수동적 이용이, 글쓰기와 같은 능동적 이용과 달리, 페이스북 친구들에 대한 질투심을 매개로 행복감의 감소를 유발한다는 사실이 최근에도 재차 확인되고 있다. 또 다른 연구를 살펴보면, 여성들의 신체 이미지에 관한 연구에서 10분간 페이스북을 이용한 여성들이 다른 웹사이트를 이용한 여성들보다 더욱 부정적인 정서 상태를 보고했다. 특히 외모 비교 성향이 높은 참여자의 경우, 자신에 대한 외모 만족도는 더욱 낮게 나타났다.

SNS 이용자가 타인의 정보에 노출된다고 해서 항상 부정적 정서를 경험하는 것은 아니라는 연구도 있다. 페이스북의 이용 강도가 이용자의 주관적 행복감에 긍정적인 이바지를 하거나(김봉섭, 2015), 페이스북의 이용 시간이 길수록 행복감을 인식한다는 연구(금희조, 2011)도 있다. 또한 페이스북 이용자가 뉴스 피드를 중심으로 긍정적인 내용의 게시물을 접했을 때 긍정적 감정을 경험하는 사람이 있는가 하면 부정적 감정을 경험하는 사람도 있는 등 상반된 반응을 보인다는 보고도 있다. 이는 상향 비교가 무조건 부정적 정서와 관계가 있는 것이 아니라 제3의 요인에 의해 매개되거나 조절될 수 있음을 시사한다. 따라서 페이스북 이용이 부정적 정서를 유발한다고 단정 짓기보다는, 그 과정에 영향을 미치는 심리적 요인을 함께 고려해야 한다는 점에서 향후 연구의 필요성이 제기된다.

페이스북상에서의 사회적 비교 행위에 대한 국내의 실증 연구는 아직 많지 않다. 차경진과 이은목(2015)은 조사 자료를 통해 SNS 이용자들의 SNS 이용 중단 의도를 사회적 비교 이론 관점에서 탐색했다. 연구자들은 사람들이 일상적으로 SNS에 지나치게 의존함으로써 다른 사람들과의 상향 비교 및 유사 비교 정보에 자주 노출되고, 이는 부정적 감정들과 피로감을 유발해 결국 SNS 이용을 중단하고자 하는 의도로 이어진다고 주장한다. 또한 양혜승 등(2014)은 대학생을 대상으로 한 조사에서, 페이스북을 통해 타인의 삶을 읽는 '읽기 행동'이 상향 비교를 매개하여 자기 삶에 대한 만족도에 부정적 영향을 미친다는 결과를 보고했다.

이상의 연구를 종합하면, 페이스북 이용은 대체로 이용자들로 하여금 자신보다 더 나은 처지의 타인과 상향 비교를 하도록 유도하며, 이는 질투심을 야기하고, 궁극적으로 삶에 대한 불만족으로 이어질 수 있다는 가능성을 뒷받침한다.

하지만 이성준과 이효성(2016)은 SNS에서의 사회 비교의 효과에 관한 기존 연구들은 다음과 같은 의미에서 한계점을 지닌다고 지적했다.

첫째, SNS에서 일어날 수 있는 다양한 사회 비교 경험 중 상향 비교에만 초점을 맞추고 있다는 점에서 한계점을 지닌다. 이들 연구는 자기표현이 SNS의 주 이용 동기이고, SNS에서는 면대면과 달리 비동시적인 상호 작용이 가능하기에 이용자들이 인상 관리를 통해 자신에게 유리한 모습만을 보여 줄 수 있음을 강조하며, SNS에서의 사회 비교가 상향 비교 중심임을 주장한다. 하지만 SNS 특성을 기반으로 단순 논리적인 유추 및 휴리스틱(heuristic)에 근거한 경우가 많으며, 체계적으로 이를 실증한 연구는 드물다. 오히려 다양한 상호 작용이 가능한 SNS에서는 상향 비교 외에 하향 비교 또한 두루 경험할 가능성이 높다.

둘째, 많은 선행 연구는 상향 비교 행위는 부정적 정서, 하향 비교 행위는 긍정적 정서와 단순히 연관시키면서 각각의 비교 행위를 통해서 부정적 정서 경험과 긍정적 정서 경험이 공존할 가능성을 배제하고 있다. 예를 들어, 멋진 삶을 사는 다른 이들을 보면 일부는 상대적 박탈감을 느끼지만, 다른 일부는 나도 노력하면 그들과 같은 성공을 누릴 수 있을 것이라는 영감을 통해 고양된 정서를 얻을 수 있다(양혜승, 2015).

일부 학자들은 사회 비교의 정서적 결과를 보다 정교하게 설명하기 위해 비교 방향성(상향 · 하향)뿐만 아니라, 그 안에서의 비교 방식, 즉 동일시(동화)와 대조의 두 차원으로 구분할 수 있다고 본다. 이에 따르면 상향 비교는 다시 상향 동일시(또는 상향 동화)와 상향 대조로 나눌 수 있으며, 상향 동일시의 경우 영감이나 낙관 같은 긍정적 정서를 유발하는 반면, 상향 대조는 시기, 좌절, 우울 같은 부정적 정서를 유발한다. 마찬가지로 하향 비교도 하향 동일시와 하향 대조로 나뉘며, 하향 대조는 자부심, 안도감 등을 유발하지만, 하향 동일시는 오히려 공포, 불안 같은 부정적 정서를 야기할 수 있다. 이와 더불어, 사회 비교 결과에 영향을 미치는 요인으로 지각된 통제력을 지목하는 연구는 동일한 비교 방향이라 하더라도 비교 대상과의 격차를 줄일 수 있다고 느끼는 정도에 따라 사회 비교의 결과는 달라질 수 있다는 사실을 강조한다.

사회적 비교 성향이 SNS 이용자의 행복감에 미치는 영향

이러한 맥락에서 필자는 페이스북에서의 비교 성향이 이용자의 행복에 과연 이바지하는지, 혹시 상대적 박탈감을 유발해 삶의 만족도를 떨어뜨리지는 않는지를 알아보았다. 사회적 비교 성향이 행복감에 미치는 영향을 분석한 결과, 사회 비교 지향성은 남자와 여자가 거의 유사하게 나타났고, 타인과의 상향 비교는 여성이 남성보다 약간 높은 것으로 나타났으나, 유의한 차이는 아니었다. 사회적 비교 성향이 삶의 만족도에 미치는 영향은 유의하게 나타났으나, 타인과의 상향 비교의 영향은 유의하지 않은 것으로 나타났다. 이러한 결과를 통해 사회적 비교 지향성이 높을수록 페이스북 이용자의 삶의 만족도가 유의하게 증가하는 반면, 타인과의 상향 비교는 상향 비교를 적게 할수록 페이스북 이용자 삶의 만족도가 높아지는 경향을 보이긴 했으나 통계적으로 유의한 영향을 미치지 않는다는 사실을 확인할 수 있었다.

필자의 분석 결과, 페이스북 이용자는 사회 비교 지향성이 높을수록 삶의 만족도가 더 높게 나타나는 경향을 보였다. 이러한 결과는 금희조(2011)와 양혜승(2015)의 연구 결과와는 일치하지만 차경진과 이은목(2015)의 결과와는 상반된 결과를 보인다. 이처럼 연구마다 서로 다른 결과가 나타나는 것은 사회적 비교가 어떤 방향으로 이뤄지는지, 그리고 개인의 자존감 수준이나 사회적 지지의 유무에 따라 그 영향이 달라질 수 있기 때문으로 해석할 수 있다.

페이스북을 이용하면서 타인과의 상향 비교를 많이 할수록 삶의 만족도가 더 낮아질 것이라는 가설은 유의하지 않았다. 이러한 결과는 상향적인 사회 비교가 부정적 정서를 일으킬 수 있다는 결과를 보고한 양혜승 등(2014)과 채려분(2013) 등의 연구와는 일치하지 않지만, 타인과의 상향 비교가 무조건 부정적 정서와 관계가 있는 것이 아니라 제3의 요인에 의해 매개되거나 조절될 수 있음을 보고한 김선정과 김태용(2012)의 연구 결과와는 맥을 같이한다. 필자 역시 타인과의 상향 비교가 일률적으로 부정적인 정서를 유발하기보다는, 개인의 특성이나 상황에 따라 제3의 요인에 의해 영향을 받을 수 있음을 간접적으로 확인했다.

참고문헌

금희조(2011). 소셜 미디어 시대, 우리는 행복한가: 소셜 미디어 이용이 사회 자본과 정서적 웰빙에 미치는 영향. ≪한국방송학보≫, 25(5), 7-48쪽.

김봉섭(2015). 페이스북 이용에 따른 페이스북 이용자의 정서적 효과 연구: 주관적 행복감을 중심으로. ≪사회과학연구≫, 41(1), 85-109쪽.

김선정 · 김태용(2012). SNS 콘텐츠의 감성이 사용자의 감정상태에 미치는 영향: 페이스북 뉴스피드를 중심으로. ≪사이버 커뮤니케이션 학보≫, 29(1), 5-47쪽.

송인덕(2016). 페이스북 이용이 삶의 만족도에 미치는 영향. ≪사이버커뮤니케이션학보≫, 33(4), 209-254쪽.

양혜승(2015). 상대적 박탈감은 언제 발생하는가? 등장인물의 특성 및 수용자 개인의 속성이 상향비교 감정에 미치는 영향. ≪한국방송학보≫, 29(6), pp.137-171쪽.

양혜승 · 김진희 · 서미혜(2014). 페이스북은 우리의 삶을 행복하게 하는가? ≪한국언론학보≫, 58(6), 215-244쪽.

양혜승 · 송인덕(2010). 타인의 생활수준과의 상향·하향비교가 삶에 대한 만족도에 미치는 영향: 텔레비전 등장인물과 주변인물의 영향력 비교. ≪한국언론학보≫, 54(1), 270-296쪽.

이성준 · 이효성(2016). SNS에서의 개인의 사회비교 경험 유형 및 사회비교 지향성과 삶의 만족도와의 관계에 관한 고찰. ≪한국콘텐츠학회논문지≫, 16(12), 574-590쪽.

장은영(2009). 사회비교와 주관안녕. ≪한국심리학회지: 사회 및 성격≫, 23(2), 157-169쪽.

장은영 · 한덕웅(2004). 사회비교의 목표, 대상 및 결과가 비교대상의 선택에 미치는 영향. ≪한국심리학회지: 사회 및 성격≫, 18(2), 65-89쪽.

차경진 · 이은목(2015). 사회비교이론 관점에서 살펴본 SNS 이용중단 의도. ≪한국전자거래학회지≫, 20(3), 59-77쪽.

채려분(2013). 사회관계형 SNS 이용에 따른 부정적 감정유발에 관한 연구: 페이스북을 중심으로. 숙명여자대학교 석사학위 청구논문.

Appel, H., Gerlach, A. L., & Crusius, J.(2016). The interplay between Facebook use, social comparison, envy, and depression. *Current Opinion in Psychology, 9*, pp.44-49.

Batenburg, A. & Das, E.(2015). Virtual support communities and psychological well-being: The role of optimistic and pessimistic social comparison strategies. *Journal of Computer-Mediated Communication, 20*(6), pp.585-600.

Feinstein, B. A., Hershenberg, R., Bhatia, V., Latack, J. A., Meuwly, N., & Davila, J.(2013). Negative social comparison on Facebook and depressive symptoms: Rumination as a mechanism. *Psychology of Popular Media Culture, 2*(3), pp.161-170.

Festinger, L.(1954). A theory of social comparison processes. *Human Relations, 7*(2), pp.117-140.

Gonzales, A. L. & Hancock, J. T.(2011). Mirror, mirror on my Facebook wall: Effects of exposure to Facebook on self-esteem. *Cyberpsychology, Behavior, and Social*

Networking, 14(1-2), pp.79-83.
Lee, S. Y.(2014). How do people compare themselves with others on social network sites?: The case of Facebook. *Computers in Human Behavior, 32*(3), pp.253-260.
Nesi, J. & Prinstein, M. J.(2015). Using social media for social comparison and feedback-seeking: Gender and popularity moderate associations with depressive symptoms. *Journal of Abnormal Child Psychology, 43*(8), pp.1427-1438.
Vogel, E. A., Rose, J. P., Okdie, B. M., Eckles, K., & Franz, B.(2015). Who compares and despairs? The effect of social comparison orientation on social media use and its outcomes. *Personality and Individual Differences, 86*, pp.249-256.

09

사회적 지지에 따른 행복감

자존감이 낮을수록 SNS를 더 많이 사용하며, 특히 자존감이 낮고 외현적 자기애가 높을수록 SNS상에서 자기표현 행동을 더 많이 하는 것으로 나타났다. 이는 SNS에서 자기표현을 통해 오프라인에서의 부족한 사회적 관계를 보완하려는 경향으로 해석된다. 그러나 자존감과 SNS 사용 간의 관계가 유의미하지 않다는 사례도 있으며, SNS에서 '좋아요' 나 긍정적 반응을 많이 받을수록 자존감이 올라가고 삶의 만족도에도 긍정적인 영향을 미친다는 사례도 있다.

자존감

자존감(self-esteem)은 자아에 대한 긍정적 이해를 향상하고 유지하려는 동기로 정의할 수 있으며, 자아는 개인이 지닌 자신에 대한 주관적 개념으로 이해된다. 자아와 타인의 관계에서 자아를 나타내는 단서들은 개인 간의 관계 또는 개인과 그룹 간의 관계에 따라서 다양한 의미를 지닌다. 자아 범주 이론(self categorization theory)에 따르면, 자아는 개인적 정체성과 사회적 정체성으로 구분된다. 개인적 정체성은 개인과 타인을 다르게 하는 것('me' vs 'not me')에 초점을 두지만, 사회적 정체성은 개인의 사회적 그룹에서 개인이 가지는 유사점과 타 그룹에서 나타나는 개인의 차이점('우리' 대 '그들')을 강조한다. 또한 사람들은 자존감, 자아 차별성, 자아 효능감의 가치를 나타내는 정체성을 추구하기도 한다. 따라서 자존감의 형성은 사회적 구조 안에서 개인적 성취의 가치를 높이는 역할을 한다.

소셜 미디어에서 개인의 일상과 관심사를 공유하는 자아 이미지 표현 방식은 디지털 콘텐츠의 생성 방식으로 진화하고 있다. 물리적 대상에 비해 디지털 콘텐츠는 시간적 · 공간적 비용이 적고 정보 공유에 대한 제약도 적기 때문에, 개인적 정체성을 나타내는 수단으로 더 활발히 활용된다. 페이스북에 게시된 디지털 콘텐츠는 자아의 감정

이입을 동반한 확장된 자아의 일부로 인식되며, '나의 것(mine)'에서 '나(me)'라는 생각으로 발전하게 된다. 페이스북 이용자는 상호성에 기반한 정체성을 형성하며, 개인의 존재감, 즉 자존감에 대한 욕구를 충족할 수 있다. 자존감은 일반적으로 자신에 대한 존중과 가치를 의미하는 것으로 받아들여지며, 자존감과 자아 표현 방식 간의 관계에 대해서는 여러 주장이 제기되고 있다. 낮은 자존감을 가진 사람은 자신감을 얻기 위해 또는 타인의 칭찬과 지지를 기대하며 자신의 정보를 노출하는 경향이 있으며, 반면 높은 자존감을 지닌 사람은 자신의 태도나 의견에 가치가 있다고 믿기 때문에 정보를 공개한다는 주장도 있다(이상호 · 고아라, 2013).

현대 정보화 시대에는 높은 자존감에서 비롯된 과도한 자아 표현이 온라인 공간의 사회성에 부정적 영향을 미칠 수 있으며, 반대로 낮은 자존감이 사회적 관계 확장에 긍정적 영향을 줄 수 있다는 주장도 제기됐다(Ellison et al., 2007). 따라서 자존감의 수준은 소셜 미디어 이용 시 자아 표현 방식에 영향을 미칠 수 있는 중요한 변수로 고려될 수 있다.

SNS 사용자의 자기표현 행동을 설명할 수 있는 주요 변인 중 하나로 연구된 것이 개인의 자존감이다. 자존감이란 스스로에 대한 전반적인 생각과 느낌으로, 자아 개념에 대한 개인의 평가를 의미한다. 자존감의 수준은 개인의 정서, 인지, 그리고 행동 전반에 영향을 미친다. 예를 들어 높은 자존감은 행복이나 삶에 대한 만족과 같은 긍정적 측면과 관련이 있는 반면, 낮은 자존감은 우울, 반사회적 행동과 같은 부정적 측면과 관련이 있다. 이처럼 자존감 수준에 따라 개개인은 서로 다른 행동 양상을 보이게 되며, 이런 특성이 SNS에서의 자기표현 행동에 어떻게 나타나는지 확인하기 위해 여러 연구가 진행되어 왔다. 그러나 그 결과가 일관적이지 않은 경향을 보이고 있다(김유정, 2015).

메디자드(Mehdizadeh, 2010)의 연구에 따르면, 자존감이 낮을수록 SNS를 더 많이 사용하는 경향이 있으며, 특히 자존감이 낮고 외현적 자기애가 높을수록 SNS상에서 자기표현 행동을 더 많이 하는 것으로 나타났다. 이는 엘리슨 등(Ellison et al., 2007)의 연구에서도 확인됐는데, 자존감이 낮은 사람일수록 SNS를 활용해 오프라인에서의 부족한 사회적 관계를 보완하려는 경향이 있다는 점이 밝혀졌다. 이는 자존감이 낮은 사람일수록 자기 노출 전 자신을 점검할 기회가 주어지는 온라인에서 자기표현에 활발히 참여한다는 의미로 해석할 수 있다.

그러나 자존감과 SNS 사용 간의 관계에 대해 유의미한 연관성이 없다는 연구 결과도 있다(Kalpidou et al., 2011). 베리 등(Barry et al., 2017)의 연구 또한 SNS 활동에서 자존감의 효과에 대해 뚜렷한 결론을 도출하지 못했다. 특히 김유정(2015)은 드러내기, 환심 사기, 유능해 보이기 등으로 정의되는 과시적 자기표현이 SNS상에서 빈번히 이루어지고 있음에 주목하며, 이러한 SNS상에서 과시적 자기표현에 자존감이 어떠한 영향을 미치는가를 살펴보았으나 둘 간의 유의미한 관계를 밝히지 못했다. 따라서 필자는 메디자드(Mehdizadeh, 2010)와 엘리슨 등(Ellison et al., 2007)의 결과를 바탕으로 자존감이 낮을수록 페이스북을 이용하면서 삶의 만족도와 주관적 행복감을 더 높게 지각할 가능성이 있는지를 확인해 보았다.

자존감이 SNS 이용자의 삶의 만족도에 미치는 영향

검증 결과, 남성보다는 여성이 다소 높게 나타났으나 유의한 차이는 없었다. 반면, 페이스북 이용자의 자존감 수준에 따른 삶의 만족도에는 유의한 차이가 있는 것으로 나타났다. 구체적으로, 자존감이 낮은 이용자일수록 삶의 만족도가 높은 것으로 나타났다.

페이스북 이용자 중 자존감이 낮을수록 삶의 만족도가

높게 나타난다는 연구 결과는, 높은 자존감이 개인의 행복이나 삶에 대한 만족과 같은 긍정적 측면과 관련되고, 낮은 자존감은 우울이나 반사회적 행동 등 부정적 측면과 관련된다는 도넬란 등(Donnellan et al., 2005)의 연구 결과를 반영한다고 볼 수 있다. 또한 자존감이 낮을수록 SNS를 더 많이 사용하고, 특히 자존감이 낮고 외현적 자기애가 높은 경우 SNS에서 자기표현 행동을 더 많이 한다는 메디자드(Mehdizadeh, 2010)의 연구와, 자존감이 낮은 사람이 SNS에서의 자기표현을 통해 오프라인에서 부족한 사회적 관계를 보완하려는 경향이 있다는 엘리슨 등(Ellison et al., 2007)의 연구와도 일관된 결과를 보여 준다.

사회적 지지

사회적 지지란 개인이 사회관계망을 통해 제공받는 자산으로, 유형의 자산과 무형의 자산을 모두 포함한다. 개인이 지각하거나 경험적으로 인식하는 사회적 지지를 '사회적 지지감'이라 하며, 이는 개인이 사회적 관계를 통해 얻는 물질적, 감정적, 정서적 도움을 의미한다. 또한 이러한 도움이 자신에게 필요할 때 실제로 제공받을 수 있다고 느끼는 정도를 나타낸다.

최근에는 소셜 미디어 이용을 이용자의 사회적 동기와 동조 압력에 따른 몰입 행위로 해석하는 시각도 제기되고 있다(배지우 · 박정열, 2015). 소셜 미디어 이용은 타인과의 소통이 중요하게 작용하며, 다른 사람의 조언을 구하거나 도움을 받기 위한 대인 간 상호 작용이 주요 이용 동기로 작용한다는 분석이 이루어졌다. 특히 개인이 자신이 속한 사회의 분위기나 정체성에 얼마나 공감하고 동일시하는지에 대한 인식 정도가 소셜 미디어 몰입에 영향을 미치기도 한다. 나아가, 사람들이 소셜 미디어를 통해 대인 간 의사소통을 시도하는 이유는 사회적 연결 및 결속에 대한 욕구를 표현하고, 감정적 유대감과 정서적 만족을 얻기 위함이라는 점이 지적됐다(김영임, 2015).

대화방이나 포럼 같은 과거의 온라인 어플리케이션은 낯선 사람들과의 대화를 촉진하도록 설계됐지만, 웹 2.0 시대의 소셜 미디어 어플리케이션은 사용자 간 네트워크를 통한 상호 작용과 커뮤니케이션을 중심으로 발전했다. 자기 노출과 친구 네트워크 이용을 통한 SNS는 사람들이 자기 자신, 친구, 그리고 그들의 삶에 대한 정보를 공유할 수 있도록 기능을 강화한다(Ahn, 2011). 이러한 SNS 환경은 사용자의 프로필에 대한 더 많은 반응을 유도하며, SNS에서의 자기 노출에 대한 긍정적 피드백은 높은 자존감과 연관되어 있다. 나아가, 높은 자존감은 삶에 대한 만족도와 통계적으로 유의한 관련성을 가진다는 연구 결과도 제시되고 있다(Valkenburg & Peter, 2009).

그러나 이러한 반응은 일방적인 것이 아니라 상호적인 성격을 가져야 하며, 즉 상호 호혜(reciprocity)가 형성되어야 한다. 상호 호혜는 자기 노출에 따른 혜택을 제공하는 사회적 영향의 한 형태로, '주고받기'로 가장 잘 설명할 수 있다. 상호 호혜의 표현은 개인이 지각하는 혜택이나 만족을 수반하며, 이는 사회적 관계나 친밀감을 조성하는 긍정적 메시지로 기능한다. 이러한 혜택과 만족은 사회적 지지, 사회적 통합, 그리고 사회적 자본의 결합을 통해 증진되는 웰빙을 포함한다.

페이스북은 기존에 알고 있는 인맥과의 관계를 기반으로, 자기 생각이나 심리 상태를 표현하고 일상과 정보를 공유하는 방식으로 대인 간 의사소통을 촉진한다. 과도한 정보와 무분별한 연결에 대한 부담감으로 이용을 중단하는 사용자도 존재하지만, 기본적으로 연결된 사회적 관계와의 소통 만족을 통해 삶의 질이 향상될 수 있다는 점에서 소셜 미디어 이용의 기대 효과는 긍정적으로 평가되기도 한다(안미선, 2012).

소셜 미디어의 긍정적 효과는 미디어 유형에 따라 차이

를 보인다. 예를 들어, 트위터와 같은 개방형 소셜 미디어는 누구나 쉽게 접근할 수 있으며, 연예인이나 정치인과의 관계 맺기가 상대적으로 쉽고 정보 생산과 공유가 활발해 정보 중심의 네트워크 성향이 강하다. 반면 페이스북 같은 폐쇄형 소셜 미디어는 기존 관계를 유지하고 친밀감을 표현하는 데 초점이 맞춰져 있어, 실생활의 관계를 강화하려는 관계 중심의 네트워크 성향이 두드러진다(이창호 · 정낙원, 2014).

소셜 미디어 참여 유형에 따라 이용자가 경험하는 정서적 만족감의 차이에 주목한 논의가 지속적으로 제기되어 왔다. 단순 읽기 등 소극적인 참여 행동과 의견을 개진하고 공유하고 여론을 이끌어 가는 적극적인 참여 행동에 따른 이용 효과 연구(나종연, 2010), 정보의 생산이나 적극적 확산과 공유 외에 생성된 정보를 보기만 하고 반응하지 않는 상대적으로 소극적인 참여 활동이 미치는 효과 연구도 있다. 소극적 참여 활동은 관계적 차원에서는 기여도가 없다 해도 조회 수나 방문 수를 높이기 때문에 소셜 미디어의 영향력을 가늠하는 단서가 될 수 있다(김영임, 2015). 따라서 필자는 페이스북 이용자가 지각하는 사회적 지지감이 높을수록 삶의 만족도와 주관적 행복감 또한 높게 나타날 것이라는 가설을 설정했다. 아울러 사회적 지지감이 자존감에 긍정적인 영향을 미치며, 자존감이 삶의 만족도에 매개적 역할을 수행할 것이라는 구조적 관계 또한 확인하고자 했다.

사회적 지지가 SNS 이용자의 삶의 만족도에 미치는 영향

필자가 조사를 통해 검증한 결과는 다음과 같다. 사회적 지지는 여성이 남성보다 약간 높았는데, 유의한 차이는 확인되지 않았다. 한편 사회적 지지는 페이스북 이용자의 삶의 만족도에 유의한 영향을 미치는 것으로 나타났다. 즉, 사회적 지지를 높게 지각할수록 삶의 만족도 또한 유의하게 증가하는 경향이 관찰됐다. 이런 결과는 페이스북 이용자가 사회적 지지를 강하게 인식할수록 해당 플랫폼 사용 경험이 삶의 만족도 향상과 연결된다는 점을 시사한다. 이는 사회적 지지가 개인의 주관적 안녕감에 긍정적인 영향을 미친다고 보고한 김영임(2015)의 연구 결과와도 일치한다.

이와 함께 사회적 지지가 자존감을 매개로 하여 삶의 만족도에 영향을 미친다는 가설을 검증한 결과, 유의미한 매개 효과가 확인됐다. 이는 사회적 지지를 많이 받는 사람일수록 자존감이 높고, 이로 인해 삶의 만족도 역시 증가하는 경향이 있다는 점을 보여 준다. 즉, 사회적 지지가 자존감 수준에 따라 삶의 만족도에 미치는 영향이 달라질 수 있음을 확인했다.

참고문헌

김영임(2015). 소셜미디어 이용자의 이용행태와 사회적 지지감 인식. ≪한국콘텐츠학회논문지≫, 15(4), 407-419쪽.

김유정(2011). 소셜네트워크서비스에 대한 이용과 충족 연구-페이스북 이용을 중심으로. 미디어, ≪젠더 & 문화≫, 20, 71-105쪽.

김유정(2015). 페이스북에서의 자기과시적인 자기표현. ≪디지털콘텐츠학회≫, 16(4), 503- 512쪽.

나종연(2010). 사용확산모형을 적용한 소비자의 온라인 소셜 네트워크 활용에 대한 연구. ≪소비자학연구≫, 21(2), 443-472쪽.

배지우 · 박정열(2015). 소셜미디어 이용 동기가 이용 몰입에 미치는 영향: 사회적 압력의 조절효과. ≪한국콘텐츠학회논문지≫, 15(1), 462-474쪽.

안미선(2012). 소셜미디어 이용거부 요인에 관한 연구: 트위터와 페이스북 사례를 중심으로. 고려대학교 석사학위논문.

이상호 · 고아라(2013). 소셜미디어 중독의 영향 요인연구: 페이스북 이용자의 인식과 몰입을 중심으로. ≪한국언론학보≫, 57(6), 176-210쪽.

이창호 · 정낙원(2014). 소셜미디어 이용정도 및 이용동기가 사회자본에 미치는 영향:개방형/폐쇄형 소셜미디어 비교, ≪한국언론정보학보≫, 65, 5-26쪽.

Ahn, J.(2011). The effect of social network sites on adolescents' social and academic development: Current theories and controversies. *Journal of the Association for Information Science and Technology, 62*(8), pp.1435-1445.

Barry, C. T., Doucette, H., Loflin, D. C., Rivera-Hudson, N., & Herrington, L. L.(2017). "Let me take a selfie": Associations between self-photography, narcissism, and self-esteem. *Psychology of Popular Media Culture, 6*(1), p.48.

Donnellan, M. B., Trzesniewski, K. H., Robins, R., Moffitt, T. E., & Caspi, A.(2005). Low self-esteem is related to aggression, antisocial behavior, and delinquency. *Psychological Science, 16*, pp.328-335.

Ellison, N. B., Steinfield, C., & Lampe, C.(2007). The benefits of Facebook "friends": Social capital and college students use of online social network sites. *Journal of Computer-Mediated Communication, 12*(4), pp.1143-1168.

Kalpidou, M., Costin, D., & Morris, J.(2011). The relationship between Facebook and the well-being of undergraduate college students. *Cyberpsychology, Behaviour and Social Networking, 14*(4), pp.183-189.

Mehdizadeh, S.(2010). Self-presentation 2.0: Narcissism and self-esteem on Facebook. *Cyberpsychology, Behavior, and Social Networking, 13*(4), pp.357-364.

Valkenburg, P. M. & Peter, J.(2009). Social consequences of the internet for adolescents. *Current Directions in Psychological Science, 18*(1), pp.1-55.

10

소셜 네트워크 서비스를 이용하면서 얼마나 행복할까

사이버 공간에서의 활동이 삶의 만족도와 연관이 있다는 사실은 이미 다수의 연구를 통해 밝혀졌다. SNS를 이용하는 사람의 만족도와 행복감에 관한 연구 또한 활발히 이루어졌으나, 최근에는 SNS를 이용하면서 피로감을 호소하는 사례가 증가하면서 SNS 피로 증후군에 대한 관심도 높아지고 있다. 과연 SNS 이용자들은 SNS를 이용하면서 얼마나 만족하고 있으며, 그로 인해 어느 정도의 행복감을 경험하고 있을까.

SNS 피로 증후군

최근의 다양한 조사 결과에 따르면, SNS 이용자들이 경험하는 피로감이 점점 증가하고 있는 것으로 나타났다. 시장 조사 전문 기업 엠브레인 트렌드 모니터는 2018년 SNS 계정을 보유한 만 19세부터 59세까지의 성인 남녀 2000명을 대상으로 'SNS 이용 및 피로도'에 관한 설문 조사를 실시했다.

조사 결과에 따르면, 최근 SNS의 사회적 영향력이 크게 확대되고 있음에도 불구하고, 실제 SNS를 적극적으로 활용하는 사용자는 오히려 줄어들고 있는 경향이 확인됐다. SNS 이용률의 변화를 살펴본 결과, 전체 응답자의 46.5%는 과거와 비슷한 수준으로 이용하고 있다고 응답한 반면, '이전보다 이용이 줄었다'는 응답자(33%)가 '이전보다 이용이 늘었다'는 응답자(20.5%)보다 더 많은 것으로 나타났다.

특히 2015년과 2017년의 조사 결과를 비교해 보면, SNS 이용이 줄었다는 응답 비율은 26.3%에서 33%로 증가한 반면, 이용이 늘었다는 응답은 24.9%에서 20.5%로 감소했다. 이러한 추세는 일시적 현상이라기보다는 지속적 감소 경향으로 해석될 가능성을 보여 준다.

SNS 이용 감소는 주로 30~40대 연령층에서 두드러졌다. 'SNS 이용이 과거보다 줄었다'고 응답한 비율은 20대 34%, 30대 38%, 40대 37.8%, 50대 22%로 나타나, 중장년층이 상대적으로 SNS에 대한 피로감을 더 많이 경험하고 있음을 시사한다.

SNS 이용이 줄어든 이유로는 SNS에 대한 흥미와 관심이 떨어지고(43.9%, 중복 응답), SNS를 사용할 필요성을 점점 느끼지 못한다(39.3%)는 응답이 가장 많았다. 또한 사생활이 불특정 다수에게 노출되는 것이 싫고(34.1%), SNS를 관리하는 데 너무 많은 시간과 노력이 들어가는 것 같다(29.7%)는 응답도 다수 확인됐다.

SNS 사용자 10명 중 3명 정도(31.7%)는 'SNS 피로 증후군'을 경험한 것으로도 나타났다. SNS를 통해 과다한 정보 및 개인의 사생활을 공유하게 되면서, 중독 현상 및 피로감을 느끼는 사람이 그만큼 적지 않은 것으로, 남성(26.9%)보다는 여성(36.4%), 특히 20대 여성(39.2%)과 30대 여성(38.4%)이 느끼는 피로감이 큰 편이었다. SNS 피로 증후군을 느끼게 된 가장 큰 계기는 별다른 실속이 없는데 SNS 관리에 너무 많은 시간과 노력을 쏟는 것 같다는 생각(40.9%, 중복 응답)이 들 때였다. 또한 너무 많은 정보 때문에 피곤함을 느끼고(33%) 남들이 부러워할 만한 모습들만 골라서 자랑하듯 올리는 사람들의 모습이 짜

증이 나며(32.1%), 원하지 않는 사람들과의 관계 형성에 부담감을 느끼는(31.9%) 것도 큰 영향을 끼치고 있었다. 이와 함께 다른 사람들의 일상생활을 보면서 상대적 박탈감을 느끼게 되는 것(28.6%)도 중요한 이유였는데, 이런 의견은 2015년(21%)에 비해 부쩍 늘어난 모습이었다. SNS에 올라온 타인의 일상 중 상대적 박탈감을 느끼게 만드는 것은 주로 해외여행(73.5%, 중복 응답)과 값비싼 취미 생활(55.8%), 고급스러운 식사와 파티(53%), 근사한 집(43.6%)에 관한 자랑들이었다.

'피로 증후군'이라는 명시적 용어를 사용하지 않더라도, 끊임없이 타인의 시선을 의식할 수밖에 없는 SNS 활동에 피로감을 느끼는 이용자들의 정서가 곳곳에서 드러난다.

먼저 전체 응답자의 67.4%가 SNS에서는 모두 자신의 행복한 모습만을 보이고 싶어 하는 것 같다고 생각하는 것으로 조사됐다. 그만큼 타인에게 비치는 자기 모습에 신경을 많이 쓰면서 SNS 활동을 하는 것으로, 이런 인식은 2015년 조사(61.2%)보다 더욱 강화된 양상을 보였다. 특히 여성(72%)과 30대(73.6%)에서 이러한 인식이 두드러졌다.

반면 SNS에서 보이는 모습이 그 사람의 진짜 모습이라고 생각하는 사람들(8.2%)은 매우 적었다. SNS에서 보이는 이미지는 결국 타인에게 보여 주고 싶은 모습일 뿐이라는 생각이 큰 것이다. 실제로 3명 중 1명은 자신이 이미 만들어 놓은 이미지 때문에 SNS에서 쉽게 말하지 못하는 것들이 있고(34.3%), 주로 SNS에 좋은 평가를 받을 수 있는 말과 사진 등을 올리는 편(35.6%)이라고 밝히기도 했다. 또한 가끔은 자신의 솔직한 마음을 SNS에 공유하고 싶어 하는 사람들(46.3%)이 적지 않은 것도 SNS에 자신의 진짜 모습을 드러내는 것이 여의치 않은 상황을 보여 준다. SNS에서 하고 싶은 말을 하는 편이라는 이용자는 10명 중 3명(28.8%)에 불과했다. 타인의 평가를 의식하면서 글과 사진을 게재하는 태도도 찾아볼 수 있었다. 절반 가까이(45.9%)가 요즘 사람들은 리트윗(RT)이나, 좋아요(Like)를 얻기 위해 업로드 내용에 에너지를 많이 쓴다고 느끼고 있었으며, 자신이 올린 글이나 사진에 누군가 반응을 보였을 것 같아서 수시로 확인한다는 응답자(43.4%)도 다수였다.

이렇듯 SNS를 이용하는 많은 사람들은 자신을 표현하는 동시에, 타인의 시선을 의식하며 그 평가에 민감하게 반응하는 경향을 보인다. 그러나 이러한 행동은 정서적으로 상당한 피로를 유발할 수 있다. 타인의 행복한 모습뿐만 아니라 불행한 모습까지도 접하면서, 이용자들은 자신과의 비교를 통해 상대적 행복이나 불행, 만족 혹은 불만족을 경험하게 된다.

삶의 만족도

삶의 질을 향상하고, 삶에 대한 긍정적 태도를 형성하는 신체적 · 정신적 · 사회적 차원의 편안함과 안녕을 의미하는 '웰빙'은 궁극적으로 개인이 자신의 삶을 주관적으로 어떻게 받아들이는가에 달려 있다. 실증적 연구에서는 주관적 웰빙 개념의 측정을 위해 '삶의 만족도'가 사용되기도 한다(Jun et al., 2012). 삶의 만족도는 개인이 자신의 삶을 전반적으로 어떻게 평가하는지를 나타내는 개념으로, 감정적 반응, 특정 삶의 영역에 대한 만족도, 전반적인 인생 평가 등을 포함한다(Diener, 1994). 인지적 평가로서의 삶의 만족도는 '자신의 인생을 전반적으로 좋아하는가, 혹은 싫어하는가'에 대한 평가적 요약으로 정의할 수 있다(Heller et al., 2004).

삶의 만족은 인지적 과정과 판단적 과정으로 구성되며, 개인이 자신의 선택 기준에 따라 삶의 질을 전반적으로 평가하는 개념이다. 이는 자신의 현재 삶에 대한 만족 수준을 평가하는 것이며, 삶의 다양한 경험을 토대로 '현재의 삶이 얼마나 만족스러운가'에 대한 인지적 판단으로 이루어진다. 최근에는 삶의 질 향상을 위한 사회적 관심이 확대되면서, 다양한 분야에서 삶의 만족에 대한 실증적 연구가 활발히 진행되고 있다. 기업 경영 관점에서 볼 때, 마케팅을 포함한 기업의 활동은 단순한 제품 구매 촉진과 브랜드 로열티 형성을 위한 수단에 그치지 않고 소비자의 삶의 질을 향상하는 방향으로 확장되고 있다. 제품의 구매 및 사용, 그리고 브랜드와의 상호 작용이 소비자의 삶에 미치는 영향에 관한 연구에서는, 기업의 마케팅 활동이 소비자의 삶의 질 향상을 목표로 해야 한다는 주장이 제기되고 있다(Sirgy et al., 1995).

삶의 만족도 개념은 삶의 질, 주관적 안녕감, 행복감 등 다양한 용어와 혼용되어 사용되며, 이에 대한 학자들의 정의 또한 다양하게 제시되고 있다(정순돌 · 성민현, 2012). 예를 들어, 하경분 등(2014)은 삶의 만족도란 일상생활을 구성하는 활동들로부터 기쁨을 느끼고, 자기 삶의 목표를 성취했다고 느끼며, 긍정적 자아상과 함께 자신이 가치 있다고 여기는 낙천적인 태도 및 감정을 유지하는 것으로 정의했다. 또한 하빙허스트(Havighurst, 1968)는 개개인이 현재 자신의 지위와 활동에 대해 가지고 있는 만족감으로 정의하기도 했다.

비록 삶의 만족도 개념에 대한 세부 정의에는 학자들

간에 다소의 견해 차이가 존재하지만, 전반적으로 삶의 만족도는 다음과 같은 공통된 특성을 지닌 것으로 이해된다. 첫째, 삶의 만족도는 상대적이며, 객관적이기보다는 개인의 주관적인 평가에 의존한다. 둘째, 삶의 만족도는 개인이 기대하는 삶의 수준과 실제 삶의 수준 간의 일치 또는 괴리 정도에 따라 크게 영향을 받는다(하경분 외, 2014). 여러 연구(양혜승 외, 2014; 장은영, 2009)에서는 사회 비교 행위가 삶의 만족도에 미치는 영향을 다루어 왔다. 하지만 앞서 논의한 바와 같이 단순히 일정한 방향성과 삶의 만족도 간의 관계만을 고려했다는 점에서 한계를 지닌다. 말하자면, 같은 방향성 내에서도 동화 및 대조의 차원이 존재할 수 있음을 간과했다.

삶의 만족에 관한 연구는 웰빙 연구의 한 분야로 간주된다. 웰빙은 일반적으로 주관적 또는 심리적 웰빙의 개념으로 사용된다. 주관적 웰빙은 개인이 자신의 삶에 대해 얼마나 만족하는지를 평가하는 것으로, 가치나 의미, 혹은 사회적 순기능과는 무관하다. 주관적 웰빙은 일반적으로 긍정적 정서, 부정적 정서, 그리고 삶의 만족이라는 세 가지 요소로 구성된다. 앞의 두 요소는 개인이 경험하는 긍정적 정서와 부정적 정서의 양을 의미한다. 긍정적 정서를 자주 경험하고 부정적 정서를 적게 경험하며 삶의 만족도가 높을수록 주관적 웰빙이 높다고 본다.

삶의 만족은 일반적으로 삶에 대한 총체적 판단을 의미한다. 기술과 정보 통신의 발달로 현대인의 삶은 과거보다 더 편리하고 쉽게 변화되고 있다. 그러나 물리적 편안함이나 정보 시스템 사용의 용이성이 반드시 삶의 만족으로 이어지는 것은 아니다. 현대 사회가 점차 컴퓨터를 매개로 한 커뮤니케이션 사회로 전환되면서 커뮤니케이션 환경도 면대면 커뮤니케이션에서 인스턴트 메시지, 온라인 대화, 소셜 미디어와 같은 컴퓨터 매개 커뮤니케이션(Computer Mediated Communication: CMC)으로 전환되고 있다. 이런 방식의 변화와 관련하여, 다수의 연구자가 CMC와 삶의 만족 또는 주관적 웰빙 간의 관계를 탐구하고자 시도하고 있다(Lee et al., 2011). 이들 연구는 대부분 CMC 사용과 사회적 관계, 그리고 그에 따른 결과에 중점을 두고 있다.

김과 데이비스(Kim & Davis, 2008)는 온라인 상호 작용의 선호는 인터넷의 과도한 사용으로 이어지고 이는 삶에 부정적인 영향을 미친다는 연구 결과를 제시하고 있다. 이에 반해 사회적 관계와 삶의 만족 간에는 긍정적 관계가 존재한다. 즉, 강력한 사회적 관계를 많이 가질수록 삶의 만족도가 높아진다는 것이다. SNS의 빈번한 사용은 자신을 더 많이 드러내고, 타인과의 사회적 관계를 형성하기 위한 수단으로 활용된다. 따라서 SNS 이용은 사회적 관계를 형성하고 확장하는 매개체이며, 이런 사회적 관계의 수가 많을수록 삶의 만족도 역시 높아진다. SNS를 활발히 이용하는 사람은 더 많은 친구를 보유하고 있으며, SNS의 이용은 자존감이나 심리적 웰빙과 긍정적으로 연관되어 있다는 연구 결과(Valkenburg & Peter, 2006)도 제시되어 있다.

사이버 공간에서의 활동이 삶의 만족도와 연관되어 있다는 사실은 기존 연구를 통해 이미 입증됐다. 인터넷은 사용자의 자존감과 전반적인 웰빙 감각을 향상하며, 궁극적으로 삶의 만족도에 긍정적인 영향을 미친다(Turkle, 2011). 이는 삶의 만족도에 따라서 자아 표현의 방식과 유형이 달라질 수 있음을 의미한다. 또한 삶에 대한 만족 혹은 불만족에 대한 평가는 개인의 삶의 방식이나 자아 표현에 영향을 미칠 수 있는 신뢰할 만한 지표로 기능할 수 있다.

주관적 행복감

페이스북 이용이 확산하면서 연구자들의 관심은 페이스북 이용이 이용자들의 삶을 실제로 행복하게 하는가에 집

중되고 있다. 페이스북 이용과 관련해 사회 자본 형성과 같은 심리적, 정서적 효과와 함께 주관적 행복감(금희조, 2011)과 같은 긍정적 정서 등이 검토되고 있다. 반면 고독감이나 중독, 상대적 박탈감과 같은 다양한 부정적 정서(황성욱 · 박재진, 2011) 역시 중요한 고려 대상이 되고 있다. 페이스북 이용이 늘어나면서 오히려 페이스북 이용으로 인한 부정적인 심리적, 정서적 효과가 발생한다는 주장도 제기되고 있다(김봉섭, 2015). 터클(Turkle, 2011)의 연구에 따르면, 페이스북을 포함한 SNS를 통한 네트워크화는 인간관계를 단순화하며 진정한 의미의 결속을 저해함으로써 주관적 행복감을 떨어뜨린다. 최근 기사에 따르면, 미국 미시간대학교 연구팀이 대학생들을 대상으로 한 연구에서, 페이스북을 더 많이 이용할수록 더 큰 불행을 느낀다는 결과가 나타났다. 페이스북 이용에 따른 개인적, 사회적, 심리적 문제 요인을 도출한 연구에서는 페이스북 이용의 결과로 이용자들은 중독성, 오프라인 사회성 결여, 상대적 박탈감, 소외감, 원하지 않는 교류에 대한 거부감, 관계의 가벼움에 대한 회의, 가시적 표현 충동 등 부정적 정서가 나타날 수 있음을 제시하고 있다(황성욱 · 박재진, 2011).

이러한 주장이 나오게 된 배경에는 온라인 커뮤니케이

션이 사회 참여의 기회를 제한하고, 지인들과 보내는 시간을 대체함으로써 정서적 행복을 저해한다는 인식이 자리잡고 있다. 따라서 페이스북을 통한 관계의 형성과 유지는 오히려 이용자의 주관적 행복감을 낮출 수 있다는 추론이 가능하다. 즉, 페이스북 이용자가 페이스북에 더 많이 의존할수록 그들이 인식하는 주관적 행복감은 오히려 감소할 수 있다는 것이다(김봉섭, 2015).

반면, 몇몇 연구에 의하면 페이스북 이용이 긍정적 결과를 초래하기도 한다. 페이스북 이용은 주관적 행복감(Kim & Lee, 2011)뿐만 아니라 사회 자본(Ellison et al., 2007)과의 관계에서도 긍정적인 효과가 있는 것으로 밝혀졌다. 예를 들어 페이스북에 등록된 친구 수는 이용자의 주관적 행복감을 높이는 데 긍정적으로 기여한다(Kim & Lee, 2011). 이는 친한 친구와의 교우 관계가 행복에 중요한 요소로 인식된다는 주장(Myers, 2000)에 근거해 페이스북을 통한 친구 관계 역시 현실의 관계와 유사한 긍정적 효과를 지닌다는 점에서 의미 있는 결과로 해석된다. 페이스북 친구의 경우, 새로운 관계의 형성이나 유지에 별다른 노력이 필요하지 않으며, 친구 목록을 시각화하거나 타인에게 보여 줌으로써 자신의 사회적 관계를 드러내고 자존감을 높이는 기제로 작용할 수 있다(Kim & Lee, 2011).

즉, 면대면 관계뿐만 아니라 페이스북 친구와 같이 매개된 관계를 통해서도 정서적 보상이 이뤄질 수 있으며, 페이스북 이용은 사회적, 시간적, 공간적 제약을 극복하고 다양한 사람들과의 소통과 사회적 참여의 기회를 확대함으로써 정서적 행복을 강화하는 데 기여할 수 있다. 또한 미디어 이용과 충족 이론에 따르면, 미디어 이용자는 다양한 사회심리적 욕구를 충족하기 위해 미디어를 사용한다. 따라서 페이스북 이용자들은 개인의 사회관계망을 확장하고 많은 사람과 생각과 감정을 공유함으로써 자신의 삶에 긍정적 영향을 미치는 정서적 효과를 기대할 수 있다.

SNS 이용자들은 과연 행복할까

SNS를 이용하는 사람들이 행복감을 느끼는지는 다양한 요인에 따라 달라질 수 있다. SNS는 소셜 네트워킹, 정보 공유, 소통 등의 측면에서 많은 이점을 제공할 수 있지만, 동시에 부정적인 영향도 미칠 수 있기 때문이다. 일부 사람들은 SNS를 통해 사회적 연결성을 강화하고 친구나 가족과의 소통을 유지함으로써 행복을 경험할 수 있으며 긍정적 경험을 공유하고 사랑받는 느낌을 얻을 수도 있다. 반대로, SNS는 타인과의 비교와 경쟁을 유발할 수 있으며, 다른 사람들의 겉보기에 완벽한 삶을 접하면서 부정적인 자아 이미지를 형성하게 할 수도 있다. 또한, SNS의 과도한 사용은 현실 생활과의 균형을 무너뜨리고 사회적 고립을 초래할 수 있으며, 사이버 괴롭힘이나 개인 정보 유출과 같은 부정적 경험은 개인의 행복감을 저해하는 요인이 될 수 있다.

따라서 SNS를 이용하는 사람들이 행복감을 느끼는지는 개인의 사용 방식, 태도, 그리고 다른 생활 영역과의 균형에 따라 달라질 수 있다. 절제된 사용과 건전한 인간관계의 유지는 SNS를 건강하게 활용하는 데 도움이 되는 방법이 될 수 있다.

SNS가 사회에 해로운 존재인지 여부는, 그 사용 방식과 그로 인한 영향에 따라 달라진다. 여러 측면에서 SNS는 사회에 부정적 영향을 미칠 수 있지만, 동시에 긍정적 효과도 지닐 수 있다. 부정적인 측면으로는 다음과 같은 것이 있다.

SNS를 과도하게 사용하면 실제 생활과의 소통이 줄어들고 사회적 고립이 발생할 수 있고, SNS로 인해 개인 정보가 유출될 위험이 있으며, 이는 사생활 침해로 이어질 수 있다. SNS는 사이버 괴롭힘의 장으로 활용될 수 있으며, 이는 심각한 정신적 고통을 초래할 수 있고, SNS 플랫폼은 사용자의 관심사에 따라 정보를 필터링하므로 정보

격차를 심화할 수 있다.

다양한 부정적 측면이 존재함에도 불구하고, SNS가 사회에 미치는 긍정적 영향 역시 상당하다. SNS를 통해 소셜 캠페인이나 공익 활동에 참여함으로써 사회적 변화를 촉진하고, 다양한 정보를 공유하며 의견을 교환할 수 있다. 비즈니스와 마케팅 측면에서도 기업이나 개인이 제품이나 서비스를 홍보하고 마케팅하는 데 SNS를 활용할 수 있다. SNS는 사람들 간의 연결성을 강화하고 지역 사회에 활기를 불어넣는 매개체로 작용할 수도 있다. 따라서 SNS가 사회에 독이 되는지 아니면 약이 되는지는 그 사용 방식과 관리에 따라 달라진다. SNS를 적절히 활용하고, 이용에 대한 인식을 제고하는 것이 중요하다.

이처럼 SNS 이용자들의 심리적 특성에 따라 만족감과 행복감의 정도는 달라질 수 있으며, 이용 목적과 방법에 따라서도 그 영향은 상이하게 나타날 수 있다. 많은 이가 일상적으로 사용하고 있는 SNS가 앞으로 어떻게 발전하고 변화할 것인지, 그리고 이에 따라 사람들이 SNS를 어떻게 인식하고 사용하는지에 대한 지속적인 관찰과 연구가 필요하다.

참고문헌

금희조(2011). 소셜 미디어 시대, 우리는 행복한가?: 소셜 미디어 이용이 사회 자본과 정서적 웰빙에 미치는 영향. ≪한국방송학보≫, 25(5), 7-48쪽.

김봉섭(2015). 페이스북 이용에 따른 페이스북 이용자의 정서적 효과 연구: 주관적 행복감을 중심으로. ≪사회과학연구≫, 41(1), 85-109쪽.

양혜승 · 김진희 · 서미혜(2014). 페이스북은 우리의 삶을 행복하게 하는가?-대학생 집단에서 페이스북 읽기, 타인과의 상향비교, 삶에 대한 만족도의 관계. ≪한국언론학보≫, 58(6), 215-224쪽.

장은영(2009). 사회비교와 주관안녕. ≪한국심리학회지: 사회 및 성격≫, 23(2), 157-169쪽.

정순돌 · 성민현(2012). 연령집단별 사회적 자본과 삶의 만족도 관계비교. ≪보건사회연구≫, 32(4), 249-272쪽.

하경분 · 주민경 · 송선희(2014). 노인 일자리사업 참여 노인의 참여 만족도와 생활만족도 및 삶의 만족도와의 관계. ≪한국콘텐츠학회논문지≫, 14(10), 160-170쪽.

황성욱 · 박재진(2011). 페이스북, 무엇이 문제인가? 심리적 문제점 요인분석. ≪광고 연구≫, 91, 68-95쪽.

Diener, E.(1994). Assessing subjective well-being: Progress and opportunities. *Social Indicator Research, 31*, pp.103-157.

Ellison, N. B., Steinfield, C., & Lampe, C.(2007). The benefits of Facebook "friends": Social capital and college students use of online social network sites. *Journal of Computer -Mediated Communication, 12*(4), pp.1143-1168.

Jun, S., Hartwell, H., & Buhalis, D.(2012). Impacts of he internet on travel satisfaction and overall life satisfaction. In Uysal,

M, Perdue, R, & Sirgy, J.(Eds.), *Handbook of Tourism and Quality-of-Life Research: Enhancing the Lives of Tourist and Residents of Host Communities*, pp.321-337.

Havighurst, R. J.(1968). A social psychology perspective on aging. *The Gerontologist, 8*(1), pp.65-70.

Heller, D. Watson, D., & Hies, R.(2004). The role of person versus situation in life satisfaction: A critical examination. *Psychological Bulletin, 130*, pp.574-600.

Kim, H. & Davis, K.(2008). Correlates of problematic internet use: Self-esteem, sensation seeking, subjective values and unrealistic optimism. Paper presented at the annual meeting of the International Communication Association. TBA, Montreal, Quebec, Canada.

Kim, J. & Lee, J. E. R.(2011). The Facebook paths to happiness: Effects of the number of Facebook friends and self-presentation on subjective well-being. *Cyberpsychology, Behavior, and Social Networking, 14*(6), pp.359-367.

Lee, G., Lee, J., & Kwon, S.(2011). Use of social-networking sites and subjective well-being: A study in South Korea. *Cyberpsychology, Behavior, and Social Networking, 14*(3), pp.151-155.

Myers, D. G.(2000). The funds, friends, and faith of happy people. *American psychologist, 55*(1), p.56.

Sirgy, M. J., Meadow, H. L., & Samli, A. C.(1995). Past, present, and future: An overview of quality-of-life research in marketing. In M. J. Sirgy and A. C. Samli(Eds.), *New Dimensions in Marketing/Quality-of-Life Research*. Westport, CT: Quorum, pp.335-364.

Turkle, S.(2011). *Alone together: Why we expect more from technology and less from each other.* Basic Books.

Valkenburg, P. M. & Peter, J.(2006). Social consequences of the internet for adolescents. *Current Directions in Psychological Science, 18*(1), pp.1-55.

손영화

계명대학교 심리학과 교수다. 성균관대학교 산업심리학과를 졸업하고 동 대학원에서 산업심리학(소비자·광고심리 전공)으로 석사학위와 박사학위를 취득했다. 한국닐슨 소비자조사부, 제일보젤 마케팅팀, (주)유공(현 SK) 바이오텍사업팀, (주)한컴(전 삼희기획) 마케팅실, (주)엠브레인 기획조사팀, SK(주) 마케팅지원본부 고객분석팀, 한국관광공사 마케팅전문위원을 역임했다. 한국심리학회 임원, 소비자및광고심리학회 회장, 산업 및 조직심리학회 이사, 소비자학회 상임이사, 광고PR실학회 및 광고학회 정회원으로 활동했다. 저서로는 『고객만족 측정 방법의 재정립』(2005), 『광고심리학』(공저, 2009), 『미디어, 소비자, 광고의 변화』(2008), 『생활속의 심리학』(2010), 『고객심리학』(2013), 『인간관계심리학』(2015), 『고객 불만족과 고객 불평행동』(2019), 『속담과 한국인의 사회심리』 등이 있고, 심리학 분야에서 다수의 논문을 발표했다.

"페이스북 이용자의 타인과의 상향비교 및 사회적 지지가 삶의 만족도에 미치는 영향"(2020), "페이스북 이용자의 자기노출 수준, 자아 표현 동기 및 사회 교류 동기가 주관적 행복감에 미치는 영향"(2018), "대한민국 소비자가 원하는 대통령: 대통령 후보자 평가 척도 개발"(2012) 등의 논문이 있다.